LE COMTE
DE
LAVERNIE

PAR

AUGUSTE MAQUET

IV

PARIS
L. DE POTTER, LIBRAIRE-ÉDITEUR
RUE SAINT-JACQUES, 38.

# LE COMTE DE LAVERNIE.

NOUVEAUTÉS EN VENTE.

	fr.	c.
L'Épée du Commandeur, par *Xavier de Montepin*, 3 vol. in-8, net..	13	50
Livia, par *Paul de Musset*, 3 vol. in-8, net............	13	50
La Nuit des Vengeurs, par le marq. *de Foudras*, 5 vol. in-8, net	22	50
La Reine de Saba, par *Xavier de Montepin*, 3 vol. in-8, affiche à gravure, net........................	13	50
Le Maitre inconnu, par *Paul de Musset*, 3 vol. in-8, net...	13	50
Debora, par *Méry*, 3 vol. in-8, net....................	13	50
La Juive au Vatican, par *Méry*, 3 vol. in-8, net.........	13	50
Le Sceptre de Rosfau, par *Emile Souvestre*, 3 vol in-8, net.	13	50
Jean le Trouveur, par *Paul de Musset*, 3 vol. in-8, net....	13	50
Les Femmes honnêtes, par *H. de Kock*, 3 vol. in-8, affiche à gravure, etc., net............................	13	50
Les Parents riches, par Mme *la comtesse Dash*, 3 vol. in-8, net	13	50
Cerisette, par *Paul de Kock*, 6 vol. in-8, affiche à gravure, net.	30	»
Diane de Lys, par *Alexandre Dumas fils*, 3 vol. in-8, net..	13	50
Une Gaillarde, par *Paul de Kock*, 6 vol in-8, af. à gravure.	30	»
Georges le Montagnard, par le *baron de Bazancourt*, 5 vol. in-8, affiche à gravure, net....................	22	50
Le Vengeur du Mari, par *Emmanuel Gonzalès*, 3 vol. in-8, net	13	50
Clémence, par madame *la comtesse Dash*, 3 vol. in-8, net...	13	50
Brin d'Amour, par *Henry de Kock*, 3 vol. in-8, affiche à gravure, net..	13	50
La Belle de Nuit, par *Maximilien Perrin*, 2 vol. in-8, affiche à gravure, net................................	9	»
Jeanne Michu, la bien aimée du sacré Coeur, par madame *la comtesse Dash*, 4 vol. in-8, net..................	18	»
Le Khalifa, par *S. Henry Berthoud*, 2 vol. in-8, affiche à gravure, net..	9	»
Raphael et Lucien, par *Michel Masson*, 2 vol. in-8, affiche à gravure, net......................................	9	»
El Ihoudi, par *S. Henry Berthoud*, 2 vol. in-8, net.......	9	»
Trouble Ménage, par *Maximilien Perrin*, 2 vol. in-8, net..	9	»
Les Métamorphoses de la Femme, par *X. B. Saintine*, 3 vol. in-8, affiche à gravure, net....................	13	50
Charmante Gabrielle, par *M. J. Brisset*, 2 vol. in-8, affiche à gravure, net......................................	9	»
Le Débardeur, par *Maximilien Perrin*, 2 vol. in-8, affiche à gravure, net......................................	9	»
Nicolas Champion, par *S. Henry Berthoud*, 2 vol. in-8, affiche à gravure, net................................	9	»
La Famille du Mauvais Sujet, par *Maximilien Perrin*, 2 vol. in-8, net.......................................	9	»
Un Coeur de Lièvre, par *Maximilien Perrin*, 2 vol in-8, net	9	»
Diane et Sabine, par *Michel Masson*, 2 vol. in-8, net.....	9	»

OUVRAGES SOUS PRESSE.

Le Garde Chasse, par *Elie Berthet*....................	»	»
L'Homme de Feu, par *G. de la Landelle*...............	»	»
La Fille de l'Aveugle, par *Emmanuel Gonzalè*.........	»	»

LE COMTE

DE

LAVERNIE,

PAR

Auguste MAQUET.

IV

Paris,

L. DE POTTER, LIBRAIRE-ÉDITEUR,

Rue Saint-Jacques, 58.

I

HEUR ET MALHEUR (*suite*).

Louvois, sur qui tous les regards s'attachaient avec haine, ne supporta point plus longtemps l'infériorité de son rôle.

— C'est au roi seul, dit-il, que je dois

compte des résolutions que je prends pour son service. Le roi vous avait mis aux arrêts pour six mois, vous avez forcé les arrêts !

Gérard sourit de pitié.

— Vous avez parlé insolemment au ministre de Sa Majesté, continua Louvois avec une lenteur qui trahissait toute sa rage.

Gérard fit un signe d'assentiment.

— Vous avez provoqué votre supérieur.

— Je n'ai de supérieur que le roi, puisque je ne suis plus officier, et j'ai provoqué, non pas un ministre, mais un homme que je croyais être un gentilhomme.

— Il suffit, vous avouez la provocation ?

— Mille témoins l'ont entendue, dit Gérard.

—J'y compte, repartit Louvois avec un sourire d'hyène satisfaite. M. de Rubantel, assurez-vous de la personne de M. de Lavernie !

—Monsieur, dit le général en serrant

les poings, vous faites erreur, je commande les chevau-légers de la garde, et non les archers de la prévôté.

Un murmure d'assentiment accueillit dans tous les rangs la réponse courageuse du vieux soldat.

Louvois frémissant de colère :

— Excusez-moi, dit-il ; j'ai voulu vous demander de m'envoyer votre prévot.

— M. de Lavernie, répliqua Rubantel, est lieutenant de dragons, et non de chevau-légers ; il appartient à la justice de son corps !

— Monsieur de Lavernie, s'écria Louvois ivre de fureur, appartient à qui je le donne; il n'est plus de l'armée du roi; toute justice lui est bonne. Je vous commande de m'envoyer votre prévôt : obéissez !

—Au moins, dit Gérard froidement, le marquis de Louvois vient-il de constater que je ne suis plus officier. — Il s'est condamné lui-même. — Mais à quoi bon marchander avec la destinée ! Marquis de Louvois, le comte de Lavernie, que vous avez insulté, ruiné, dont vous avez assassiné la mère et volé la fiancée, le comte de Lavernie, homme sans tache, vous a demandé raison de vos offenses et de votre crime — vous lui avez répondu par un ordre d'arrestation. Vous êtes un lâche; et parmi tous ceux qui m'entendent, écoutez bien, il n'est pas un homme de cœur qui m'interrompe pour me démentir. Cela me suffit, j'ai de vous la satisfaction que vous me refusiez. Où est le prévôt ? je me livre. Où est la prison ? j'y marche. — Marquis vous pleurez de rage, j'ai vengé ma mère !

Louvois fit un geste indicible de fureur désespérée. On crut un instant qu'il allait se jeter sur cet ennemi au front d'airain, à l'œil chargé d'éclairs.

Mais tout-à-coup il se contint. Dix

archers de la prévôté militaire se firent jour parmi les assistants, entourèrent Gérard et l'emmenèrent au milieu d'eux, tandis qu'il essayait encore de voir au loin sur la route le lourd chariot qui emportait son beau rêve.

Rubantel vint l'embrasser, l'œil humide, la voix émue.

— Adieu, mon général, dit doucement le jeune homme à Rubantel. Nous n'avions pas prévu ce dénouement.

Plus de vingt gentilshommes vinrent serrer la main de Gérard : il y a toujours de braves gens en France.

—Au revoir, et comptez sur moi, répliqua le bon général, en tournant le dos à Louvois, devant qui les rangs s'ouvrirent avec un morne silence lorsqu'il voulut revenir dans la ville.

Mais Louvois tenait peu à la popularité.

— Allons, pensa-t-il, des trois hommes qui savaient mon secret, voici le plus dangereux qui se supprime lui-même, Tout va bien !

II

LE LENDEMAIN.

Le lendemain un soleil radieux se leva sur Houdarde, et ranima dans le parterre du seigneur châtelain toutes les fleurs de printemps qui s'étaient courbées la veille sous le pied des gendarmes et des grenadiers.

La fraîcheur du matin, le chant des oiseaux qui se becquetaient en sautillant sous les feuillages, le murmure de la rivière dont les eaux s'étaient purifiées, rien ne réveilla de leur profond sommeil les hôtes de ce château, remué la veille par tant d'événements bizarres. Le jour descendit sur les murailles, et pénétra par les fentes des volets sans arracher un soupir à ces dormeurs acharnés. Rien n'était vivant dans le domaine, sinon quelques poissons revenus de l'alarme nocturne et qui, sortant de dessous leur abri de pierre bondissaient de joie dans le disque lumineux que le soleil levant allumait sur la rivière.

Cependant une fenêtre s'ouvrit du côté du parterre. On y vit paraître d'abord le petit chien Amour qui posa ses deux pattes blanches sur l'appui, regarda le ciel en clignant des yeux et finit par sauter comme un chat sur la balustrade où il s'accroupit en humant les rayons déjà tièdes.

Puis arriva près de cette fenêtre l'abbé Jaspin. Le digne homme achevait sa toilette et enfonçait sur son crâne grisonnant la calotte noire de Géronte et d'Argan. Jaspin débuta par souhaiter civilement le bonjour au petit chien.

— Bonjour, Amour, as-tu bien dormi ? Que vois-tu de joli là-bas ? Il fait beau, n'est-ce pas ?

Jaspin se pencha hors de la fenêtre pour regarder en bas, pour regarder en haut.

— Rien d'ouvert, dit-il. — As-tu déjà vu ton maître, petit Amour ? Est-il descendu dans le jardin, lui qui se lève de si bonne heure.—Je te dérange, Amour ? Il faut me le pardonner... Là, remets-toi au soleil.

Et Jaspin caressa de la main le dos du chien, qui, pour s'en débarasser plus vite, lui envoya de côté un petit coup de langue et rentra dans sa contemplation.

— Je devrais voir M. Gérard au jardin, continua Jaspin en s'adressant encore à Amour; mais dans ce jardin, il y a des arbres, et le feuillage m'empêche de bien voir les allées; nous verrons mieux en descendant.

Jaspin se dirigea vers la porte ; Amour comprit son idée et sauta en bas pour l'accompagner avec toute sorte d'empressements que révélait le panache mobile de sa queue.

Jaspin descendit l'escalier avec précaution, il passa discrètement devant la chambre de Violette. Mais lorsqu'il fut arrivé devant l'appartement que, la veille, Desbuttes avait assigné à Belair, l'abbé s'arrêta, écouta, et Amour alla flairer sous la porte.

Rien ne bougeait en cette chambre, Jaspin se préparait à passer outre, quand il entendit un bruit de pas dans l'escalier. C'était Desbuttes qui faisait semblant de sortir de la chambre de sa femme, et qui, à cet effet, venait de remonter par son escalier dérobé jusqu'au palier du grand escalier.

— Mon filleul ! s'écria l'abbé, bonjour, comment êtes-vous ce matin ?

—A merveille, parrain, dit le financier en grimaçant la satisfaction. A merveille ! à merveille, ajouta-t-il bruyamment en voyant paraître au bas de l'escalier le sénéchal, suivi d'un valet de chambre. Eh bien, parrain, comment trouvez-vous mon château ? Votre filleul vous fait-il honneur ? Vous repentez-vous de m'avoir tenu sur les fonts de baptême ? Quand j'aurai un million de plus, parrain, je vous ferai chapelain d'Houdarde.

A ce mélange de voix et de pas, la porte de la chambre de Belair s'ouvrit à grand bruit de verrous, et le jeune homme parut demi-vêtu, étirant ses bras et passant une main d'un blanc mat dans ses beaux cheveux blonds un peu en désordre :

— Eh bonjour, cher monsieur de la guitare, dit Desbuttes en s'approchant avec un geste d'affectueuse protection : mon Dieu, que vous nous avez bien guitaré cette nuit. Merci ! mais ma femme vous en remerciera mieux que moi. Elle se connaît mieux en musique.

— Madame Desbuttes repose encore? interrompit Belair, rougissant.

— Je l'ai laissée dormant, cher Monsieur, répliqua Desbuttes en se frottant les mains ; je sors de chez elle à l'instant. Dort-elle de bon cœur, la pauvre femme! dort-elle! à dix pistoles le quart-d'heure, mon cher monsieur.

Il n'avait point fini, que l'on entendit tirer deux verrous, trois verrous, un nombre inouï de verrous à la porte de Violette ; puis, après les verrous, un craquement de pènes dans la serrure, des tours de clé aussi nombreux que les verrous.

— Ah çà mais, dit Jaspin naïvement à

Desbuttes, que ces verrous et ces serrures mettaient au désespoir, comment avez-vous donc pu fermer tout cela sur vous en sortant tout à l'heure?

Desbuttes se mordit les lèvres, — Belair se détourna pour caresser Amour, — Violette parut sur le seuil de sa chambre : elle était radieuse et rose comme la jeune Aurore, elle souriait languissamment, et, fermant d'une main sa robe de satin noir sur la broderie blanche de sa gorgerette, elle se soutenait de l'autre main aux ferrures ciselées de la porte.

Desbuttes s'approcha d'un air empressé,

et lui baisa la main qu'elle ne défendit pas.

— Si tôt levée! dit-il; c'est trop peu dormir. Vous risquez votre santé.

— J'ai voulu savoir des nouvelles de mes hôtes, dit la jeune femme en enveloppant Belair d'un regard timide et doux qui faillit le faire chanceler. Mais où est M. de Lavernie? N'est-il point levé encore?

— Je le cherche partout, dit Jaspin qui venait de faire perquisition chez Belair; il n'est pas au jardin; je le croyais dans la chambre de monsieur.

— Il n'y est point, répliqua Belair.

— Je le vois bien, hélas! dit Jaspin; n'est-il donc pas revenu ?

— Pas que je sache, dit Belair.

—Et cela ne vous a pas causé d'inquiétude ? s'écria Jaspin. Vous ne vous en êtes pas aperçu! Un ami que vous adorez, qui vous adore!

— Excusez-moi, je dormais.

— C'est naturel d'avoir dormi tard, s'écria Desbuttes.

— Vous ne vous êtes couché que tard, M. Belair ; nous avons joui de votre charmante musique une partie de la nuit, n'est-ce pas, ma femme ?

Violette rentra un moment chez elle pour chercher son mouchoir oublié.

—Et en vous couchant si tard, dit Jaspin, vous n'avez point remarqué l'absence de Gérard ? à une pareille heure !... pas rentré.

— Monsieur l'abbé, fatigué d'avoir joué longtemps, ainsi que vous l'a dit M. Desbuttes, j'ai dormi, je vous le répète, dormi comme vous avez dormi vous-même.

Violette reparut. Belair était fort embarrassé. Elle lui vint en aide.

— Rien ne lasse comme de chanter en plein air, dit elle. D'ailleurs, monsieur l'abbé, pourquoi seriez-vous inquiet de M. de Lavernie ; n'est-il pas en compagnie de monsieur le général, au milieu d'une armée ? Ils seront arrivés tard à Valenciennes, et les portes auront été fermées sur eux.

— Et voilà précisément ce qui m'inquiète, s'écria l'abbé en cherchant dans tous les coins machinalement comme un fou, tandis qu'Amour, le regardant et comprenant son agitation, cherchait avec lui sous le lit et les meubles.

Desbuttes, enchanté de voir que la

conversation ne le regardait plus, appela son sénéchal que le respect tenait enchaîné au bas de l'escalier.

— Sénéchal ! cria-t-il, arrivez un peu, et dites-nous si monsieur de Lavernie n'est pas rentré cette nuit ou ce matin ? Ne serait-il pas dans quelqu'une de mes trente chambres ? On revient tard, on a hâte de se coucher, on prend le premier lit qu'on rencontre. Moi, je crois qu'il doit être rentré, car j'ai entendu, vers minuit, un bruit sourd, un grand bruit, pareil à celui d'une grosse porte qui se ferme.

— N'avez-vous pas entendu, mignonne ?

dit-il à Violette qui ne refusa pas l'épithète — malgré toute l'envie qu'elle en avait ;—mais à ce moment Violette n'eût donné en quoi que ce fût un démenti à M. Desbuttes.

— Oui, répliqua-t-elle, j'ai entendu un bruit sourd...

— Et vous avez cru, comme moi, que c'était une porte fermée.

— Mon Dieu oui !

— Fermée par monsieur Gérard, qui revenait.

— Certes.

— Alors, qu'était-ce que ce bruit ? fit

Jaspin, s'il n'était point causé par le retour de M. de Lavernie.

— Monsieur, répliqua le sénéchal, le bruit n'a pu être causé que par la chute de la fenêtre.

— Comment! s'écria Desbuttes sans remarquer la gêne de Belair et la petite toux de Violette, quelle fenêtre, s'il vous plaît? il m'est tombé une fenêtre?

— L'appui, monsieur, prenez la peine de sortir et de regarder.

Desbuttes sortit et regarda. On voyait sous la fenêtre ouverte une brèche causée par l'expulsion de la pierre; la pierre avait creusé son trou dans le sable. Le Zadig de Voltaire ou un substitut de procureur du roi eussent facilement reconstruit l'histoire de ces décombres muets, de ce désordre éloquent.

Desbuttes n'y vit qu'un dégât.

— Mon château n'est donc pas solide ! murmura-t-il ; déjà des réparations ! venez voir, messieurs et madame.

— Inutile, dit Violette, occupons-nous de M. de Lavernie, de nos hôtes...

— Oui, vous avez raison, occupons-nous aussi de mon hôte à moi, du pauvre blessé, de mon vieil ami, s'écria Desbuttes. A-t-il dû souffrir de tout le vent qui est entré la nuit dans sa chambre, par cette effroyable ouverture ! Comment va mon hôte, sénéchal ?

— Votre hôte, monsieur, n'est plus là, dit le sénéchal.

— Vous l'avez déménagé ? fort bien.

— Non, monsieur, il s'est déménagé tout seul.

— Que voulez-vous dire !

— Je veux dire, monsieur, que ce matin, tout-à-l'heure, j'ai trouvé la porte de la cour ouverte, un cheval de moins, cette chambre abandonnée, la fenêtre démolie, et j'ai conclu ceci : votre hôte à été enlevé ou s'est enlevé lui-même.

— La Goberge serait parti ! s'écria Desbuttes.

— La Goberge ! s'écria Belair.

— La Goberge ! s'écria Jaspin.

— Oui: mon camarade La Goberge, un digne gentilhomme, ami comme moi de M. de Louvois.

— La Goberge était ici ! continua Belair en s'approchant de Desbuttes.

— Oui, le connaissiez-vous ?

Belair allait dire oui : un regard de

Violette arrêta ce mot sur ses lèvres, ce que voyant, Jaspin aussi garda le silence.

—Non, dit Belair, je ne le connais pas, mais j'ai entendu parler de lui.

— Moi aussi, dit Jaspin.

— Il est fort connu, reprit Desbuttes. Mais comment s'est-il enfui?... pourquoi? Un homme blessé, un homme exténué, une ombre d'homme, que mes gens avaient sauvé de la mort à force de soins!.. Ah! voilà, il aura mis à exécution les projets qu'hier encore nous formions tous deux.

—Vraiment! dit Belair.

— Il voulait courir le monde pour attraper celui qui l'a blessé.

— Voyez-vous cela ! dit Jaspin.

— Un écolier, son écolier en fait d'armes, un enfant qui lui avait fait un trou comme le poing dans la poitrine.

Violette tressaillit.

—Un novice qui apprenait de lui à manier l'épée pour tuer un mari ridicule.

Violette se mit à rire, Belair aussi, bien que la situation fût tendue; mais comme Desbuttes en riait le premier, il n'y avait rien à dire. Jaspin, lui, ne riait pas. Il entra dans la chambre de La Goberge avec Belair.

—N'est-il pas étonnant, dit Jaspin, que ce monsieur La Goberge se soit enfui ainsi ?

— Très étonnant, monsieur l'abbé, répliqua Belair.

— N'est-il pas étonnant, dit Desbuttes en dehors au sénéchal, comme pour compléter la conversation, n'est-il pas incompréhensible que cette énorme pierre soit ainsi tombée toute seule !

Jaspin ramassa silencieusement la barre de fer dont La Goberge avait fait son levier. Il en regarda l'extrémité crayeuse encore, la fit voir à Belair, et la replaça sans affectation le long du mur.

— Avez-vous compris, dit-il au jeune homme, et croirez-vous désormais aux miracles ?

— Parfaitement, répliqua celui-ci.

— Eh! mais s'écria Desbuttes toujours dehors, qu'y a-t-il donc sous la pierre, sénéchal ?

— Un manche de guitare, monsieur, répondit le sénéchal,

— Ma guitare, que j'avais oubliée sur le banc, lorsque je suis rentré dans ma chambre, dit Belair en toute hâte. Pauvre guitare, un instrument auquel je tenais tant !

— Eh mais! répondit Desbuttes à sa femme, est-ce que je n'ai pas vu chez vous à Paris, mignonne, une guitare superbe dans un étui de velours?

C'était la guitare du grand roi, gardée en dépôt par Violette lors du départ de Belair.

— Je crois que oui, monsieur, dit Violette, de plus en plus troublée.

— Il faudra la donner à M. Belair, qui en joue si bien, ajouta Desbuttes. — C'est ma femme et moi qui vous prions de l'accepter, en souvenir de nos noces. — N'est-ce pas, mignonne?

— Oui, en souvenir de cette nuit, dit

la jeune femme, et puisse-t-elle inspirer à M. Belair quelques chansons tristes et douces, comme doivent être les pensées d'un véritable amour.

—Hein! mon parrain, dit Desbuttes à l'oreille de Jaspin, rêveur, a-t-elle de l'esprit, ma petite femme!

— Beaucoup d'esprit, répliqua l'abbé. Je vous en félicite, mon filleul.

—Le déjeuner de madame est servi!... vint crier le maître d'hôtel.

— A table! dit Desbuttes; mon parrain, donnez la main à ma femme; puis, souriant à Belair :

—Vous, prenez mon bras, monsieur

et ami. Je gage que vous avez gagné grand faim à roucouler ainsi la nuit?

— Oui, monsieur, je l'avoue, répliqua Belair.

— Et moi non, dit l'abbé ; je n'aurai pas faim tant que je n'aurai pas de nouvelles de M. de Lavernie. Mais il va revenir, j'espère. N'est-ce pas, Amour, que ton maître va revenir ?

—Cela ne peut tarder, dit Violette, autrement nous serions inquiets nous-mêmes. Mais, on dirait que M. Belair regrette de n'avoir pas accompagné M. de Lavernie, ajouta Violette en regardant le jeune homme, flottant entre un souvenir d'amour et un regret d'amitié.

— Oh ! madame... murmura Belair.

— Le fait est, s'écria Desbuttes, qu'il s'est passé d'étranges choses ici depuis douze heures. En voilà-t-il de ces aventures ! chacun de nous a eu la sienne.

— Votre dîner mangé par les soldats, dit vivement Violette.

— L'arrivée de ces messieurs, ajouta Desbuttes, arrivée miraculeuse.

— La disparition de notre gentilhomme blessé, dit Belair.

— Cette pierre énorme, qui tombe d'elle-même, reprit le traitant.

— Et qui n'écrase qu'une guitare, dit Jaspin.

— Au lieu d'écraser M. Belair, mon parrain! car, il faut vous dire que M. Belair devait être absolument sous la fenêtre au moment où la chute a eu lieu. Je me souviens même que tout-à-coup sa chanson a cessé, et que je me suis dit, ou plutôt que j'ai dit à ma femme : Voilà une grosse porte qui se ferme, M. de Lavernie vient de rentrer; M. Belair s'interrompt pour lui donner le bonsoir. Vous souvenez-vous, mignonne, que je vous ai dit cela?

—Peut-être..., répondit Violette, rouge jusqu'aux yeux.

— Vous pensez à tout, dit Jaspin.

— Oui, j'observe tout, même quand je

dors, répliqua Desbuttes, qui, en dépliant sa serviette, ne put voir un imperceptible sourire passer comme un frisson électrique des lèvres de Belair à celles de Violette.

Les valets commencèrent à servir. Jaspin regardait toujours la porte. Amour, qui s'était placé sur la natte près de lui, ne le voyant pas tranquille comme d'habitude, lorsqu'il était à table, finit par s'aller asseoir au seuil de la salle à manger, d'où il regardait alternativement Jaspin et l'entrée de la maison.

Desbuttes mangeait et s'efforçait de faire manger son parrain. Il causait, riait, et lançait mille dards à Violette. Celle-ci souffrait de voir souffrir Belair. Le musicien s'oubliait par fois au point d'appuyer sa tête sur ses mains.

Le bon abbé se faisait illusion à lui-même, énumérant les ragoûts splendides et les rôtis somptueux que M. Rubantel avait rencontrés à la table des princes et dont, sans nul doute, il avait fait honneur à Gérard de Lavernie.

Amour se mit à aboyer.

— Ah ! enfin le voici, crièrent Belair et Violette, en se levant de table avec empressement.

— Non, dit Jaspin, si c'était M. Gérard,

Amour ne resterait pas avec nous. Il sauterait déjà autour de lui jusqu'à son visage.

— C'est mon sénéchal, dit Desbuttes, il m'amène un courrier.

— Le laquais de M. de Rubantel! s'écria Belair.

— Qui tient une lettre à la main, dit Violette.

—Qu'est-ce que cela signifie, murmura Jaspin, déjà tremblant.

Le vieux serviteur entra dans la salle, et, apercevant tout d'abord l'abbé, se dirigea vers lui et lui remit cette lettre que Violette avait vue.

—De M. de Lavernie, dit-il tristement.

Jaspin la prit en regardant le laquais d'un air tellement suppliant et effrayé, que celui-ci sentit des larmes monter à ses yeux, et se détourna vers Violette et Belair, glacés tous deux par l'approche de ce malheur qu'ils pressentaient.

—De lui... une lettre de lui à moi, bégaya Jaspin, la première lettre qu'il m'ait jamais écrite... Mon Dieu!... mon Dieu! qu'est-il donc arrivé?

Sa main vacillait, le papier s'échappait de ses doigts paralysés.

— Je ne pourrais pas lire, dit-il, lisez, M. Belair, je vous en prie.

Belair prit à son tour le fatal billet. Violette s'appuyait au dossier d'une chaise. Desbuttes, sa fourchette chargée à la main, demeurait béant; l'émotion de sa femme le gênait.

Au premier regard que Belair jeta sur la lettre ouverte, on vit sous sa peau frémissante le sang refluer par degrés de son visage à son cœur.

Jaspin joignit les mains et baissa la tête. Toute son âme était à Dieu.

— Lisez, monsieur Belair, dit Desbuttes, sinon vous ferez mourir ma femme.

« Mon cher abbé, lut Belair, j'ai eu tort de ne pas suivre vos conseils: un mauvais génie m'a entraîné à Valenciennes, où je me suis trouvé face à face avec M. de Louvois. »

Jaspin tomba agenouillé sur son fauteuil.

Belair, après avoir levé les yeux au ciel, continua :

« La querelle que vous vouliez éviter a eu lieu. J'ai reproché au ministre la mort de ma mère... Il m'a fait arrêter. Je suis renfermé dans le donjon, et, sans la générosité de M. de Rubantel, qui veut bien vous faire passer ma lettre au risque de se perdre lui-même, vous n'auriez de moi aucunes nouvelles. En ce moment, le conseil de guerre s'assemble et bientôt mon arrêt sera prononcé. Cher abbé, mon tendre ami, la plus ancienne des trois affections qui me restent, vous qui m'avez vu naître, venez m'aider à bien mourir. »

Jaspin poussa un cri déchirant, crispa ses deux mains au-dessus de sa tête et glissa de la chaise sur le parquet, aux lugubres hurlements d'Amour.

— C'est ma faute, s'écria Belair, égaré, pâle, en s'arrachant les cheveux ; c'est ma faute, à moi, lâche, qui ai quitté mon ami..., je l'aurais empêché d'aller à Valenciennes. Je l'aurais défendu contre

Louvois. C'est ma faute... Oh! Gérard! mon pauvre ami!

Ce désespoir effrayant arracha le cœur à Violette ; elle quitta l'abbé, auquel Desbuttes prodiguait ses soins, elle courut à Belair, et, bravant tout, elle se jeta dan ses bras. Il la repoussa.

— Vous voyez que Gérard m'accuse, dit-il, il ne parle pas de moi dans sa lettre... Il m'en veut... il ne m'eût pas abandonné, lui, ce n'est pas un misérable comme moi ! — Venez, mon ami, continua le malheureux jeune homme en essayant de soulever Jaspin, venez, partons !

Gérard va mourir. Allons mourir avec Gérard !

Violette avait saisi la lettre ; elle savait bien, elle, que Belair ne serait pas oublié. D'une voix vibrante, malgré ses larmes qui ruisselaient sur le papier, elle continua la lecture :

« Dites à Belair, mon frère chéri, avait ajouté Gérard, que je lui défends de quitter l'asile où je le sais en sûreté. Madame Desbuttes le sauvera en mémoire du service que j'ai rendu à son mari et à elle-même. Je lègue à Belair, avec mon souvenir, le soin de retrouver Antoinette et de lui dire que je suis mort en prononçant son nom. Qu'il veille sur cette pauvre enfant et qu'il la sauve des persécutions de M. de Louvois. Si Belair lui manque, elle n'a plus désormais personne pour la protéger. »

Cette lecture apaisa le délire du jeune homme. Sa douleur, qui le rendait fou, tomba au son harmonieux de la voix chérie qui lui transmettait les volontés suprêmes de Gérard ; muet, dompté, le visage inondé de larmes, il alla embrasser Jaspin, qui, la lecture achevée, venait de se lever fortifié par la prière.

Jaspin, sans écouter les banales consolations de Desbuttes, se mit à marcher silencieusement dans la vaste salle. Sa pâleur inaccoutumée, l'inquiétude de ses mains pendantes, révélaient en lui la plus violente agitation.

Sur ses pas, marchait le chien, s'arrêtant quand Jaspin s'arrêtait, reprenant sa marche quand l'abbé reprenait la sienne. Ces deux êtres, soudés l'un à l'autre comme deux automates, semblaient avoir perdu l'un son instinct, l'autre son âme.

Violette et Belair s'étaient écartés pour laisser à Jaspin la liberté de sa monotone promenade. Desbuttes, contrarié du nouvel incident qui assombrissait son château et gâtait son déjeûner, battait du bout des doigts une marche sur la vitre, en grommelant que le vieillard devenait fou.

Jaspin, la tête baissée, s'arrêta et compta sur ses doigts.

— D'ici à Versailles, où *elle* est, quatre-vingts lieues, dit il tout bas... Vingt-quatre heures de chemin! et Gérard n'en a peut-être pas douze à vivre!

Puis il se remit à marcher. Cinq minutes après il s'arrêta encore.

— Ce n'est pas moi qui l'aurai voulu, s'écria-t-il, c'est Dieu!... Tant pis pour elle... Le ciel m'est témoin que je voulais la ménager.

Et, coupant court à ces mystérieuses paroles qui emplissaient d'étonnement Violette et Belair, tandis que Desbuttes secouait la tête d'un air de compassion, Jaspin se tourna vers le financier pour lui dire d'un ton ferme :

— Un cheval, s'il vous plaît, et un guide pour me conduire à Valenciennes.

— Mais, mon cher monsieur, répliqua Desbuttes, qui n'appelait déjà plus parrain un homme si compromis et si affligé, vous n'êtes pas en état, ce me semble.

Jaspin, sans lui répondre, se tourna vers Violette d'un air suppliant.

— Le cheval de M. l'abbé sur-le-champ ! s'écria la jeune femme avec un geste de reine qui fit sortir de la salle les valets, le sénéchal et Desbuttes lui-même. Car le financier n'avait point encore assez dépouillé le laquais pour refuser d'obéir à un ordre donné de la sorte.

Le cheval fut amené, Jaspin mit le pied à l'étrier; Amour sauta aussitôt sur le pommeau de la selle.

L'abbé, toujours taciturne, chercha

autour de lui le guide qui devait le conduire à Valenciennes.

Mais nul ne bougeait ; Desbuttes avait éloigné tout bas ses gens, craignant de se compromettre en aidant un malheureux tombé dans la disgrâce de M. de Louvois.

Violette comprit. Elle arrêta de sa blanche main Belair qui déjà courait à la tête du cheval.

— Vous, lui dit-elle, monsieur, vous êtes placé sous ma garde par M. de Lavernie qui m'a sauvé l'honneur et qui a sauvé M. Desbuttes de la corde ; que d'autres oublient ce bienfait, moi je ne l'oublierai pas. Vous demeurerez donc ici ; je réponds de vous sur ma tête !... Holà ! sénéchal, escortez M. l'abbé jusqu'à Valenciennes, et ne regardez pas ainsi votre maître quand je commande. Je suis la maîtresse en cette maison : obéissez, ou je vous chasse !...

Le sénéchal voyant que Desbuttes pâlissait de colère en détournant la tête sans oser répondre, sentit de quel côté soufflait la toute puissance. Il fut à cheval en deux minutes.

Cependant Belair en serrant Jaspin dans ses bras lui dit à l'oreille :

— M. de Louvois me hait à l'égal de Gérard. Si pour sauver Gérard il faut sacrifier ma vie, souvenez-vous que je suis là, que j'attends.

— Merci, répondit simplement Jaspin; j'y comptais.

Belair lui pressa les deux mains avec un regard qui valait un serment.

Et quand Violette, alarmée de cet entretien, s'approcha d'eux :

—Ma fille, lui dit Jaspin avec sa douce voix, je vous bénis, soyez heureuse !

Desbuttes fit mine de s'approcher aussi.

— Prospérez, monsieur, ajouta Jaspin, et il s'éloigna rapidement, les yeux et l'âme fixés devant lui sur l'espace qu'il fallait dévorer avant de toucher à Valenciennes.

Violette et Belair le suivirent de leurs vœux et de leurs regards attendris. Dès qu'il eut disparu, Belair s'assit brisé sur le parapet du pont, et pleura.

Desbuttes s'approchant de sa femme, voulut exhaler un peu du fiel qui fermentait en son cœur.

— Vous me faites de belles affaires, madame! Une volée de gens tombent chez moi, tous ennemis jurés de mon maître, et vous prenez parti pour eux ! vous me ruinez !

Violette, l'écrasant d'un regard de mépris :

— Faites-moi conduire à la chapelle, dit-elle ; je veux prier pour l'âme de mon père et pour la vie de M. de Lavernie. Accompagnez-moi, M. Belair !

Desbuttes fronça le sourcil et s'effaça pour laisser passer le musicien. C'était en vérité, à ce moment, un bien vilain petit seigneur.

III

LA CONSCIENCE ET L'ORGUEIL.

La Goberge courut l'espace d'une demi-heure. Où allait-il ? son cheval lui-même n'en savait rien. Tant que dura le vertige de la peur ou l'agitation qui naît de ce vertige, le maître d'armes pressa les flancs de sa monture, autant pour en activer l'allure que pour s'y cramponner. Mais quand La Goberge se trouva éloigné de tout chemin, de toute habitation, quand il ne vit plus derrière lui la fenêtre de Desbuttes et celle de Jaspin, les deux seules éclairées du château, qui semblait le regarder avec ces deux yeux vigilants, alors rassuré, haletant, il desserra ses jambes osseuses, et le cheval, dégagé des branches de ce compas, prit le trot dans les terres labourées.

Cependant ce prétendu repos devint un horrible supplice pour La Goberge. La cadence d'un galop rapide berçait assez moëlleusement son corps épuisé; mais le trot lui brisa les entrailles, et, bientôt un craquement douloureux des chairs de la poitrine lui arracha un cri et un juron dont le diable se serait scandalisé.

Le maître d'armes arrêta son cheval, qui ne demandait pas mieux. Sa blessure, mal cicatrisée, venait de se rouvrir à la surface, et les tissus déchirés laissaient échapper quelques gouttes de sang. Le premier mouvement du coquin fut d'appeler au secours, mais nul ne passait aux environs. Sa dernière pensée fut de regagner le château d'Houdarde, mais comment retrouver la route, comment aussi affronter la colère de M. de Lavernie.

quand il saurait la mort de son compagnon?

La Goberge était donc là, en plein champ, les deux mains plaquées sur la poitrine : à voir ce spectre aux cheveux rares et à la barbe d'un demi pouce, on eût dit le seigneur chevalier de la triste figure, alors que perdu dans les déserts de la Manche, il frissonnait aux brises nocturnes, leur demandant une aventure.

Seulement, La Goberge n'avait avec lui ni Sancho, ni baume de fier-à-bras; il avait encore moins cet intrépide cœur de l'héroïque insensé : la peur le prit quand il vit couler son sang. Toutes les émotions de la nuit produisirent leur effet en même temps. Fatigué du jeûne, fatigué de la peur pendant l'invasion du château, fatigué de la pesée faite sur la pierre, fatigué de la fuite après l'assassinat, La Goberge se laissa glisser en bas du cheval, dont il passa la bride dans son bras, et il resta étendu dans un sillon que déjà le seigle naissant tapissait d'une molle verdure.

Le cheval brouta ; La Goberge fit tout ce qu'il put pour s'évanouir, afin de ne point penser à sa triste situation et à ses terreurs jusqu'au jour.

Le jour vient de bonne heure au printemps. Ses premiers rayons montrèrent au maître d'armes des cuirasses et des piques, puis, derrière, une nuée de valets conduisant des équipages.

La Goberge laissa passer les cavaliers, et lorsqu'il ne vit plus à l'extrémité de son champ de seigles que fourgons et mules suivant la route encaissée, il poussa des cris lamentables, et attira bientôt l'attention de ces valets, qui d'ordinaire sont un peu charitables par ce qu'ils sont très curieux.

Il leur apprit que, blessé au service de M. de Louvois, longtemps malade et récemment entré en convalescence, il avait voulu retourner vers son maître, mais que le dévoûment l'avait abusé sur ses forces. Et là dessus il montra sa poitrine tachée du peu de sang qui s'y était montré la nuit, et demanda qu'on le menât à la ville prochaine où il prendrait des mesures pour gagner Paris.

Ces gens sur qui le nom de Louvois fit effet comme sur tout le monde, placèrent La Goberge dans un des fourgons qu'il avait convoité. Ils lui apprirent qu'ils voituraient à Valenciennes le bagage des pages de Sa Majesté, que les pages allant à Valenciennes, il était probable que le roi s'y devait rendre aussi. La Goberge ne put savoir d'eux si M. de Louvois serait du voyage ; mais il l'espéra, et ce fut pour lui une bien grande joie mêlée d'une grande appréhension, lorsqu'aux portes de Valenciennes il apprit que M. de Louvois était arrivé dans la nuit.

Il fallut songer à se présenter convenablement; le ministre n'aimait pas les effets dramatiques. Une tenue d'homme qui a couché dans le seigle, une chemise tachée à la poitrine ne lui eussent point agréé. M. de Louvois voulait qu'on le servît proprement. La Goberge s'occupa de sa toilette, et déjeûna sans fierté avec les valets qui lui avaient rendu de si bons offices.

Cependant Louvois infatigable avait tout organisé pendant cette nuit. Il avait apaisé M. de Vendôme tout en lui reprochant son intrusion chez les Augustines. Il avait visité M. du Maine et M. de Boufflers qu'il avait complimentés sur leur charité envers les religieuses. Pour M. du Maine, surtout, Louvois avait été gracieusement courtisan. Le ministre avait à se garder contre la haine de madame de Maintenon, et la neutralité, sinon l'alliance de M. du Maine, lui était indispensable. Cet enfant chéri du roi et de madame de Montespan, cet élève de madame Scarron, était l'idole de Louis XIV et de la marquise. Madame de Maintenon surtout, qui n'avait de faiblesse pour rien ni pour personne, eût donné sa vie pour le duc du Maine.

Louvois fit à ce jeune prince bâtard les compliments les plus délicats sur ses bonnes dispositions à devenir un grand administrateur militaire. Moins il en pensait, plus et plus disertement il en dit. Il se plaignit amèrement de M. de Rubantel, qu'il finit cependant par excuser avec perfidie en rejetant tout l'odieux de l'abandon des Augustines sur un certain Lavernie, mauvaise tête, nature sans frein, une écume de l'armée de Catinat, lequel Lavernie, déjà cassé pour indiscipline, avait osé reparaître, tout exprès, pour se faire surprendre en flagrant délit d'insulte à des religieuses, et de rebellion contre le ministre de la guerre.

M. du Maine, qui n'avait pas été élevé

pour rien par madame de Maintenon, et qui à lui seul montrait plus de dévotion qu'il n'en eût fallu à dix légitimes héritiers du Roi-Très-Chrétien. M. du Maine applaudit à M. de Louvois et M. de Boufflers fit chorus. On tomba d'un commun accord sur ce païen de Lavernie : M. du Maine déclara qu'il fallait faire un exemple, M. de Boufflers demanda pourquoi l'exemple n'était pas déjà fait, et Louvois ravi répliqua modestement qu'il avait cru devoir attendre le roi pour statuer, mais que provisoirement il faisait assembler le conseil de guerre.

M. du Maine n'avait jamais fait partie d'un conseil de guerre; Louvois l'assura que c'était fort curieux; le jeune duc témoigna le désir de débuter par l'affaire Lavernie, et il ajouta poétiquement que ce devait être une émotion poignante que de prononcer une sentence de mort. Louvois, le voyant ainsi disposé, le nomma président du conseil de guerre assemblé pour juger le crime de Gérard, et il lui adjoignit M. de Boufflers. Le choix du rapporteur était indifférent, leur dit M. du Maine avec un aimable sourire, puisque le rapport venait d'être si bien fait par M. de Louvois.

On se sépara là-dessus: M. du Maine pour aller dormir, M. de Boufflers pour se préparer à marcher le lendemain, Louvois pour activer les opérations de ce conseil de guerre.

Ainsi marchaient les choses, et l'on voit qu'elles allaient grand train. Ainsi Louvois avait eu la chance d'arriver aux portes de Valenciennes assez à temps pour empêcher Gérard de rejoindre la pauvre Antoinette; car c'était bien elle qui, placée par Louvois aux Augustines de cette ville après la mort de madame de Lavernie, avait failli se rencontrer encore avec son amant, tant le hasard servait ses chastes amours, tant l'étoile de Louvois les combattait par sa terrible influence!

Ainsi le ministre avait vaincu son ennemi, et sous peu d'heures Gérard allait disparaître : puis Louvois rayerait ce nom de sa mémoire. Il s'était habilement étayé de M. du Maine contre la colère de madame de Maintenon, au cas où celle-ci aurait voulu récriminer sur la fin malheureuse du fils de son ancienne amie — car Louvois se rappelait que madame de Lavernie l'avait menacé de la marquise, — mais quelle apparence que madame de Maintenon eût de la mémoire pour cette famille provinciale ? Madame de Maintenon avait trop de choses à penser, et puis, qui se plaindrait à elle ? Gérard une fois disparu, Louvois nageait en plein courant d'impunité.

Quant à Antoinette, confinée dans ce

couvent où nul ne la connaissait, elle n'avait plus de confidents ni de soutiens. Lorsque Louvois, après avoir conduit mademoiselle de Savières aux Augustines de Valenciennes, avait voulu se procurer des nouvelles de La Goberge, nul ne savait ce qu'était devenu le maître d'armes. Une trace de sang dans l'avoine, une place ravagée par les pieds des chevaux et le mouvement des combattants, voilà tout ce qu'on avait trouvé au bas du mur des Filles-Bleues. Et puis, on parlait vaguement d'un marchand coquetier retournant en Flandre, qui aurait ramassé un homme mourant et l'aurait emmené dans sa charrette. Le coquetier retrouvé, interrogé par les agens de Louvois, déclara que l'homme n'avait pu souffrir le transport, qu'il avait demandé à être déposé à terre, et qu'il était mort sans doute au fond du fossé dans lequel le coquetier l'avait descendu. Louvois désirait trop vivement d'être débarrassé de La Goberge pour ne pas se contenter d'une explication qui faisait espérer sa mort. D'ailleurs, s'il eût vécu, depuis si longtemps La Goberge eût donné de ses nouvelles. Dès qu'il ne demandait point d'argent, c'est qu'il était bien mort.

Restait Belair. Celui-là inquiétait et irritait Louvois. Gérard l'avait soigneusement caché au château de Lavernie, et Louvois, pour ne pas remuer une cendre encore tiède, d'où pouvait jaillir une dangereuse lumière, avait respecté le château depuis la mort de la comtesse. La lettre de destitution envoyée à Gérard était l'unique projectile qu'il eût osé y lancer pour tromper sa soif de vengeance. Louvois se réservait de prendre Belair au premier souffle qui trahirait ce malheureux.

Et comme le musicien allait se trouver abandonné par la mort de Gérard, comme il n'avait pour vivre que le bruit de sa guitare, ce bruit l'aurait bien vite dénoncé.

Le jour était déjà grand, que Louvois

travaillait encore devant ses bougies consumées ; il préparait le rapport du conseil de guerre.

— Que de misères ! pensait-il en relisant l'énumération de ses terribles griefs, que d'obstacles mesquins dans la vie d'un grand homme ! Tandis que je mets en branle une machine de guerre qui peut broyer l'Europe, voilà un grain de poussière, un fétu qui se jette dans les rouages, et au lieu d'écrire des ordres pour la marche et l'approvisionnement de cent mille hommes, au lieu de méditer la ruine d'une ville formidable et la défaite d'une armée, me voilà entassant subtilités et mensonges sur ce papier pour me débarrasser d'un homme, d'un ciron qui me gêne !... Oh ! Descartes, toi qu'on appella insensé à cause de tes atômes crochus, comme tu avais raison ! comme tout s'enchaîne ! Combien de chaînons invisibles à nos faibles vues relient l'un à l'autre chacun des grands événements qui nous apparaissent imprévus, isolés, et qui composent la vie des hommes remarquables ; ainsi le premier anneau de cette chaîne a été le facteur Brossmann et le dernier sera le comte de Lavernie. Entre ces deux extrêmes, qui pourrait soupçonner un La Goberge, un Belair, une Antoinette, — pauvre fille, hélas !— une Eléonore, malheureuse femme ; une comtesse de Lavernie, mère sublime ? qui connaîtra Van-Graaft, le riche hollandais, devenu fou, dit-on, sur ses tonnes d'or, Van-Graaft que je ne connais pas moi-même? qui connaîtra le misérable Gilbert, ce stupide honnête homme qui sera mort de faim sur un secret que je lui eusse payé si cher! Moi seul aujourd'hui je sais tout cela! Oh! combien de choses descendent avec un mourant dans l'éternelle nuit! combien des plus importantes! Qui pourra reconstituer jamais cette longue et terrible aventure, depuis l'amour d'Éléonore Van-Graaft, que l'histoire appelle: *Conquête de la Hollande*, jusqu'à l'exécution de Gérard de Lavernie, que la postérité appellera : *Siége de Mons!*

En disant ces mots Louvois ne s'aperçut point qu'il était tombé peu à peu dans une douloureuse rêverie. Le choc de ces souvenirs funèbres, de ces ombres gémissantes, tant de remords déchirants avaient fini par entamer le bronze de son cœur. Louvois laissa glisser la plume de ses doigts fatigués, courba sa tête puissante et l'ensevelit dans ses deux mains.

En ce moment, l'ange aimé du Seigneur, l'ange aux ailes sans tache, celui qui verse le baume sur toutes les plaies que le démon a faites, l'ange du pardon planait au-dessus de ce grand coupable, et cherchait à l'attendrir en déroulant devant lui le long cortége de ses victimes : les innocents égorgés ou brûlés dans le Palatinat, les protestants tombés sous le sabre des dragons, les crimes particuliers décorés du nom de *moyens* comme les crimes publics l'étaient du nom de *nécessités*.

— Pardonne une fois, disait tout bas le bon ange, et il te sera cent fois pardonné !

— Eh bien ! répondit Louvois à cette supplique mystérieuse, si je pardonnais... si j'ouvrais ma main pour laisser s'échapper ce Lavernie, si je négligeais de l'étendre pour ne pas écraser ce Belair; si j'étais miséricordieux au point de donner Antoinette à Gérard, accepteraient-ils l'un et l'autre?... Lui, l'implacable ennemi dont j'ai tué la mère, et qui tiendrait un de mes secrets!... Elle, l'esprit ulcéré, qui ne me pardonnera jamais son enfance sacrifiée, et qui me maudirait si elle apprenait l'horrible mort de sa mère!... Non, pas de pitié! La fatalité qui m'a fait assassiner ces deux femmes me pousse à détruire aujourd'hui leurs enfants!... Oui, Descartes, tout s'enchaîne! Mais toute chaîne peut se rompre, et c'est à moi de choisir les chaînons les plus fragiles pour en avoir plus-tôt fini.

Louvois reprit sa plume et posa ses conclusions avec une sorte de fureur. Il appela un aide-de-camp, et le chargea de porter son rapport au duc du Maine ; en même temps il commanda ses chevaux pour aller surveiller le départ des troupes qu'on dirigeait sur Mons.

Un nouvel aide-de-camp déposa sur le bureau l'énorme paquet des dépêches quotidiennes. Louvois parcourut les cachets et l'écriture des enveloppes pour choisir les plus intéressantes, et tout en lisant, prit son verre d'eau de Forges, que chaque matin lui apportait à jeun son premier valet de chambre.

Lorsqu'il remit le verre sur le plateau, il vit que le plateau tremblait, ses yeux remontèrent jusqu'au visage du trembleur, et saisi d'un mystérieux effroi, il reconnut La Goberge qui n'avait pas trouvé de meilleure rentrée que celle-là, et qui fort connu dans la maison, avait obtenu de remplacer le valet de chambre.

— Ah! monseigneur, murmura le maître-d'armes! Ah! mon bon maître...

Et tout en saluant, le borgne put distinguer sur le visage de Louvois cette désobligeante surprise qui signifie : je vous croyais mort!

— J'en ai réchappé, dit La Goberge d'un ton doucereux.

— Je le savais, et je l'attendais, répliqua Louvois qui avait eu le temps de se remettre.

— Ah! monseigneur savait tout? dit le maître d'armes sans en croire un mot.

— Je sais tout ce que je veux, interrompit le ministre d'un ton sec. Te voilà, tu es guéri?

— Mal!

— Enfin, tu es debout.

— Oui, monseigneur.

— Et tu as besoin d'argent?

La Goberge remua la tête avec un sourire qui remerciait d'avance.

— Tu en auras ; cependant tu ne l'as pas gagné.

La Goberge cette fois, prit l'attitude d'un triomphateur.

— Monseigneur se trompe, dit-il ; seulement au lieu de gagner mon argent en un seul coup d'épée, j'en aurai donné deux.

— Plaît-il? dit Louvois étonné; je ne comprends pas bien.

— Voici, monseigneur : la fortune m'avait trahi une fois...

— La fortune a bon dos ; c'est ton poignet qui t'a trahi, mon drôle.

— Soit ; mais mon poignet a pris sa revanche. Je rapporte à monseigneur son épée dont je suis indigne, bien que j'aie réparé l'affront qu'elle avait reçu.

— Tu t'expliqueras, je suppose.

— Monseigneur ne comprend pas que j'ai retrouvé Belair ?

— Où cela ?

— Chez mon ami Desbuttes, un heureux, grâce à vous, monseigneur ; un homme qui vient d'acheter un château superbe et qui est devenu millionnaire en bien peu de temps... Ah ! qu'il a été bien payé celui-là de l'honneur qu'il a eu de servir monseigneur... conjointement avec moi.

Louvois brusquement :

— Eh bien ! ce Belair ? demanda-t-il.

— Je l'ai attendu sous un balcon où il raclait sa guitare, je l'ai provoqué, nous nous sommes battus, et je l'ai tué.

— Tué... bien tué ?... s'écria Louvois avec une explosion de joie.

— Parfaitement bien tué, monseigneur; deux coups affreux dans le cœur.

— Eh ! prends garde, dit Louvois en le regardant ironiquement; on revient d'un coup d'épée, mons La Goberge. Tu en es la preuve vivante. Voilà un mort de ta façon qui fera quelque jour un revenant.

— Monseigneur, j'ai pris mes précautions.

— Ah ! lesquelles ?

— Après avoir tué l'homme, je l'ai enterré sous une pierre qui peut peser deux mille livres et que j'ai laissé choir sur le cadavre d'une hauteur de huit pieds environ.

— C'est différent, La Goberge ; ce Belair est un homme mort. Mais Desbuttes, que dira-t-il ? Comment lui expliqueras-tu ce meurtre commis chez lui ?

— Tout simplement, monseigneur, Belair était amoureux de sa femme.

— Ce Desbuttes est donc marié ? pourquoi ne m'en a-t-il rien dit ?

— Avec une fille que voulait épouser Belair, vous savez, monseigneur, celle à qui Belair, hors de France, écrivait toutes ces lettres que vous m'ordonniez de brûler. Or, en ma qualité d'ami de Desbuttes, je veille sur son honneur. J'ai trouvé Belair roucoulant sous le balcon de Violette....

— Violette... oui, je me souviens de ce nom, murmura Louvois. Ainsi Desbuttes ne saura rien et t'aura l'obligation de l'avoir vengé ?

— J'y compte, monseigneur.

— Puisque maître Desbuttes est riche, il te fera, je pense, une rente.

L'œil de La Goberge étincela de joie.

— Pour peu que vous l'y engagiez ; oui, monseigneur, oh ! daignez l'y engager.

— Ce sera justice, dit Louvois avec distraction, car depuis quelques minutes, il songeait à la complaisance du sort envers lui. Tout à l'heure encore, ce Belair l'occupait, le gênait, et voilà que Belair était mort !

— Depuis quand l'as-tu tué ? demanda-t-il à La Goberge.

— Cette nuit même, après le départ de M. de Lavernie.

— Comment! ce Lavernie était avec Belair chez Desbuttes ? Par quel hasard ?

— Et avec M. de Rubantel, oui, monseigneur.

— Desbuttes entretient donc des intrigues contre *nous*? dit vivement le ministre.

Au lieu de répondre la vérité qui eût justifié le traitant :

— Je ne sais pas, répliqua hypocritement l'infâme jaloux, qui se trouva heureux de jeter un peu de poison dans le nectar de son ami.

— Ah! ah! murmura Louvois, c'est bien!

La Goberge vit se froncer les sourcils de son maître.

Voici ce que pensait Louvois :

— Trois hommes me gênaient — l'un est mort, l'autre va mourir — Pourquoi le troisième continuerait-il à me gêner?

Et il jeta sur La Goberge un regard oblique, un éclair froid que ce misérable ne comprit point, malheureusement pour Louvois, sinon il fût mort de peur, et lui eût ainsi épargné des frais d'imagination.

IV.

UN AGNEAU ENRAGÉ.

Le ministre continua son muet monologue.

— Il faut que j'envoie si loin ce coquin, pensa-t-il, qu'il ne revienne jamais.

Là-dessus il tira de son coffre un rouleau de louis d'or et regarda en souriant La Goberge, dont le visage s'épanouit.

— Tiens, lui dit-il, voilà pour l'enterrement de M. Belair. Mais à présent que tu es payé, travaille : graisse tes bottes, j'ai de l'ouvrage pour toi.

— Un voyage ! dit La Goberge refroidi.

— Eh bien ! ne les aimes-tu plus ? demanda Louvois.

— Quand je suis en santé, oui, monseigneur, mais je n'y suis pas : ma blessure n'est pas fermée.

— Et tu crois que le grand air te nuirait ?

— Je suis sûr qu'il me tuerait, monseigneur.

Louvois attacha son regard pénétrant sur La Goberge.

— Ce butor me devinerait-il? pensa le ministre.

— Tenez, monseigneur, examinez ma poitrine, se hâta de dire La Goberge, et voyez si je vous mens.

Louvois, frappé d'une idée subite :

— C'est une mauvaise blessure, dit-il vivement, et qui tournerait mal si l'on n'y prenait garde. Oui, mon pauvre La Goberge, tu as besoin de repos.

— N'est-ce pas, monseigneur, murmura le borgne avec effroi.

— Je veux qu'on te soigne comme si tu étais maréchal de France ! continua Louvois en frappant sur le timbre pour appeler.

— Mon médecin Séron ! dit-il aussitôt à l'aide-de-camp.

— Monseigneur, que de bontés ! s'écria La Goberge suffoqué par la reconnaissance.

Le médecin parut. C'était une de ces sombres figures de savant ambitieux qui font réfléchir le physiologiste et trembler le malade.

— Séron, dit le ministre, voilà un serviteur dont la vie m'est précieuse, je vous le confie, il est blessé, il a été mal guéri, regardez la blessure.

Séron s'approcha, La Goberge découvrit sa poitrine encore une fois.

— Les chairs ont repris, dit le médecin.

— En dessus, interrompit Louvois ; mais en dessous, au fond, la plaie est encore béante, et la preuve, c'est qu'elle a saigné.

— Ah? dit le médecin en regardant son maître avec surprise.

— La blessure est très mauvaise, reprit Louvois qui répondit à ce regard par un autre des plus significatifs.

— Je ne dis pas non, balbutia Séron.

La Goberge frissonna.

— Regardez mieux, Séron, et dites franchement votre avis ; monsieur est intrépide et peut entendre la vérité.

Séron feignit de palper avec plus de soin.

— Il est vrai, dit-il, que le coup est profond. Respirez monsieur, s'il vous plaît.

La Goberge gémit au lieu de respirer.

— C'est dangereux, n'est-ce pas ? ajouta Louvois.

— Grave ! dit le médecin d'une voix sépulcrale.

Un cri d'angoisse échappa au maître d'armes, tandis que Louvois, donnant une plume à Séron, l'engageait à écrire l'ordonnance.

— Où soignera-t-on monsieur ? demanda le médecin.

— Chez lui, répliqua hypocritement Louvois.

— Mais je n'ai point de domicile à Valenciennes, dit La Goberge.

— Ni moi, répondit Louvois..... Mais, j'y pense, les hôpitaux que j'ai commandés sont prêts?... On y trouvera une chambre pour La Goberge, la meilleure.

Le maître d'armes salua.

— Fort bien, dit Séron.

— La plus tranquille, continua Louvois, la plus éloignée de tout bruit.

— Parfaitement, monseigneur.

— Emmenez-donc votre malade, monsieur Séron, je crois qu'il touche à un accès de fièvre. Couchez-le, et songez que vous m'en répondez.

— Oui, monseigneur.

— Oh! monseigneur, merci! murmura La Goberge, dont les dents s'entrechoquaient réellement d'effroi; et plus pressé que Louvois lui même, il gagna la porte.

Séron s'approcha de son maître.

— Au donjon! lui dit vite et bas le ministre. Une casemate, un cachot et le secret le plus absolu! C'est un coquin à pendre!...

Séron salua respectueusemen et sortit derrière La Goberge, qui se retourna encore pour dire :

— Merci, mon bon seigneur.

L'aide-de-camp s'effaça pour les laisser passer et annonça au ministre que M. de Rubantel attendait une audience.

— Rubantel ! dit Louvois, c'est un bon officier que j'ai un peu rudoyé hier ; et d'ailleurs il m'apprendra ce qu'il faisait chez Desbuttes. — Pourquoi lui garderais-je-rancune de ses liaisons avec Lavernie; dans une heure ou deux, plus de Lavernie, plus de La Goberge, plus de Belair. Faites entrer M. de Rubantel !

Louvois se replongea dans sa correspondance, autant pour occuper son temps que pour se donner une contenance à l'arrivée du général et lui laisser exhaler son premier feu. Mais il fut bien étonné, quand au lieu du pas grave et cadencé de l'officier de cavalerie, il entendit galopper sur son parquet une sorte de créature plus mobile et plus bruyante qu'un cheval échappé.

— Qui va là! dit-il en levant la tête! quoi, Rubantel, ce n'est pas vous !

— Non monsieur, c'est moi, repartit la frétillante créature, moi, Jaspin, bien à votre service.

C'était bien réellement Jaspin, le digne abbé qui faisait invasion de la sorte dans le cabinet de M. de Louvois.

Celui-ci toisa brutalement le personnage, et lui trouvant l'air d'un homme sans conséquence :

— Si vous n'êtes pas M. de Rubantel, dit-il, pourquoi entrez-vous chez moi sous son nom ?

— Monsieur... balbutia Jaspin.

— Dites monseigneur, répliqua aigrement Louvois, ou plutôt ne dites rien du tout, et sortez !

— Pardon monseigneur, j'ignorais comment on vous qualifie. J'en reviens à M. de Rubantel. Tout à l'heure en arrivant à Valenciennes, je l'ai rencontré, j'ai sauté à son cou, lui au mien, nous avons un peu pleuré tous deux. Nous avons décidé qu'il viendrait vous demander audience, et comme vous ne m'eussiez pas reçu, tandis que vous le recevez toujours, lui, il m'a cédé son tour et me voilà.

— Ah ça! s'écria Louvois, roulant son œil irrité sous son épais sourcil, est-ce que par hasard vous êtes fou!

— Pas encore, monseigneur, mais je le deviendrai probablement si cela dure!

Et Jaspin sans plus de façon, tira son mouchoir, essuya une larme au bord de ses yeux et s'assit carrément sur un fauteuil.

Louvois exaspéré, le saisit brusquement par les épaules et le jeta plutôt qu'il ne le mit sur ses jambes.

— Allez-vous me dire tout de suite ce qu'il y a de commun entre vous et M. de Rubantel, demanda-t-il à l'abbé ?

— Le désir de sauver un homme, repartit Jaspin ; un jeune homme dont il est l'ami et moi aussi.

— Quel homme?

— Monsieur le comte de Lavernie, monseigneur, que j'ai élevé, dont la famille m'a nourri depuis trente ans, pauvre précepteur ignorant et incommode : le comte de Lavernie, mon cher seigneur, un brave jeune homme innocent, inoffensif, orphelin... dont la mère est morte entre mes bras!

Louvois recula d'un pas ; il devint blême, son cœur battit avec violence : toute la scène du château de Lavernie lui apparut. Il revit cette noble femme expirante, le petit abbé agenouillé, le fils menaçant, le chien, risible défenseur, grondant comme un lionceau. Il revit Antoinette aux mains des archers et le portrait de madame de Maintenon lançant des éclairs du fond de son cadre.

— Je n'en finirai donc jamais avec ce souvenir, murmura-t-il, tremblant de rage.

Puis revenant sur Jaspin, agneau qui palpitait devant ce regard d'aigle, il ajouta lentement :

— Je vous reconnais, vous êtes l'abbé

qui m'a montré le poing, en me disant que j'étais un monstre.

Jaspin se courba plus bas encore, et ne répondit pas.

— Et de quoi venez-vous me menacer aujourd'hui ? dites ! poursuivit Louvois avec un accent sinistre.

Jaspin joignit les mains et, relevant la tête, montra au ministre un visage empreint d'une si poignante douleur que Louvois eut peur de s'attendrir.

L'abbé fondit en larmes, se laissa tomber à deux genoux et murmura d'une voix troublée par les sanglots :

— Grâce !

— Je n'ai pas le droit de faire grâce, repondit durement Louvois.

— Monseigneur, c'est vous qui êtes l'offensé.

— Un ministre représente le roi jusque dans l'offense qu'il reçoit pour son maître. C'est le roi que M. de Lavernie a offensé; adressez-vous au roi.

— Mais, monseigneur, répliqua Jaspin,

de plus en plus humble et suppliant, c'est vous qui êtes le maître !... Tout se fait par vous ! A qui ne commandez-vous pas !

— Vous plaisantez, brave homme.

— C'est vous, poursuivit l'abbé, qui avez déféré M. de Lavernie à un conseil de guerre. C'est vous qui dejà l'avez destitué de son grade.

— Eh bien ! après ?... Si j'ai cassé cet officier, il est bien cassé ; si je l'ai traduit devant un conseil de guerre, c'est qu'il est coupable. Le conseil est assemblé, faites-lui vos suppliques, s'il est temps encore ; adressez-lui vos doléances, s'il est trop tard.

Jaspin, brisé, cacha son visage dans ses deux mains et pleura bruyamment comme un enfant qui perd courage.

— Mon Dieu, murmura-t-il, mon Dieu, peut-on avoir le cœur de voir ainsi pleurer un homme !

En ce moment l'aide-de-camp apporta au ministre un paquet de la part du président du conseil de guerre. Louvois rompit le cachet.

Jaspin regarda et écouta de toutes les forces de son corps et de son âme. Son cœur cessa de battre.

— Il est trop tard dit Louvois.

— Trop tard! s'écria Jaspin en se levant, pourquoi trop tard?

— Parce que l'arrêt vient d'être prononcé, répliqua Louvois, parcourant toujours le message de M. le duc du Maine.

— Et cet arrêt condamne Gérard?

— A la peine de mort.

Jaspin poussa un cri terrible, et ses

yeux lancèrent une flamme dont Louvois fut épouvanté. C'était le délire ou le courage qui s'allumait en ces yeux-là.

— Allez, monsieur Jaspin, dit-il, allez prier le conseil; parlez à M. le duc du Maine, qui est fort miséricordieux.

— M. le duc du Maine fera-t-il grâce? interrompit brièvement Jaspin.

— Il n'a pas le droit plus que moi.

— Alors pourquoi me dites-vous de l'aller trouver? Pour me congédier, n'est-ce pas?

Louvois haussa les épaules.

— Oh! mais, je ne m'en irai pas ainsi, continua Jaspin.

Louvois frappa du pied.

— Vous risquez gros, mon cher monsieur, dit-il.

— Bah! fit l'abbé avec un geste sublime de mépris et d'abnégation, qu'est-ce que je risque !

— Vous risquez, vous risquez de ne pas vous trouver près de votre ami au

moment où il aurait besoin de vous voir...
Car vous êtes abbé, je crois?

Jaspin ouvrit des yeux effarés, des lèvres frémissantes.

— Les jugements du conseil de guerre, poursuivit Louvois tranquillement, s'exécutent dans les cinq heures. Restez-ici, si bon vous semble. Je vais donner les derniers ordres. Adieu, monsieur l'abbé Jaspin

Jaspin bondit comme un chat sauvage et barra le passage à Louvois.

— Je vous ai dit à Lavernie, bégaya-t

il d'une voix étranglée, je vous ai dit que vous étiez un monstre...

— Eh bien? repartit Louvois intrépide.

—Eh bien! aujourd'hui je vous appelle un scélérat.

— En ma qualité de ministre de la guerre, je ne mêle point des abbés, répliqua Louvois en raillant, mais je vous enverrai à l'archevêque de votre diocèse, il vous fera mettre au cachot, M. Jaspin. Adieu.

— Monsieur! s'écria Jaspin ivre de fureur et effrayant à voir, vous allez me signer tout de suite la grâce de M. de Lavernie.

Louvois écarta l'abbé d'un geste de son bras vigoureux.

— Monsieur Louvois, cette grâce! ou je parle!.

— Vous parlerez?... que direz-vous? Parlez tant que vous voudrez, que m'importe!

— Cette grâce! vous dis-je.

Cependant, Louvois avait été sensible à la menace.

— Je vous répète, dit-il, que nul n'a droit de grâce que le roi.

— Eh bien un sursis à l'exécution jusqu'à ce que j'aie vu le roi.

Louvois se mit à rire.

— Oh ! scélérat ! scélérat ! il rit !... s'écria Jaspin en s'adressant à Dieu. Eh bien ! puisque tu l'as voulu, va !... tue M. de Lavernie, moi je vais à Versailles !

Louvois fut frappé du ton avec lequel Jaspin prononça ces paroles.

— Tu ne sais donc pas ce que c'est que M. de Lavernie, stupide bourreau ? poursuivit Jaspin, dont le visage s'illuminait comme s'exaltaient son ame et son accent. Tu ne devines donc pas ?

Louvois prêta tellement l'oreille qu'il n'entendit pas les injures.

— Ah ! tu touches à M. de Lavernie, toi ! ah ! tu joues ainsi avec les secrets de madame de Maintenon... qui est reine de France !...

Louvois se rapprocha d'un bond et étendit une main vers l'abbé, qui s'enivrait de ses paroles et de sa conviction comme les anciens martyrs ?

— Les secrets de madame de Maintenon ? s'écria le ministre d'une voix haletante.

— Eh bien ! madame de Maintenon te perdra Louvois !... Aman ! fais tomber un cheveu de M. de Lavernie, Esther fera rouler ta tête sur un échafaud !

— Que dites-vous ?... demanda Louvois à qui revinrent en mémoire les solennelles menaces de la comtesse, — et il pressa les mains du pauvre abbé, — expliquez-vous !... Ce jeune homme est-il donc si intéressant pour la marquise?

Jaspin poussa un éclat de rire qui eût bien prouvé sa folie, s'il eût été moins terrible. Louvois le comprit, il entoura d'un bras l'épaule de l'abbé.

— Eh bien! soit, ce sursis, causons-en, monsieur Jaspin, dit-il. Asseyez-vous, calmez-vous, tout s'arrange en ce monde, quand tout s'explique, bon Dieu...

— Ne blasphémez pas Dieu! rugit l'abbé inondé de sueur, et que Louvois assit avec une affectueuse violence.

—Là... là!... voyons... prouvez-moi que madame de Maintenon, s'interesse assez à ce jeune homme, dites moi ce secret... parlez, mon brave Jaspin, vous êtes un digne homme, vous défendez vos amis au moins ! j'estime ces caractères là ! je vais vous signer le sursis — tenez... je signe, mais parlez, parlez !... sinon je croirai que vous abusiez du nom de la marquise pour me fléchir, et je retirerai ma signature que voilà... Ce secret ! ce secret de madame de Maintenon !... Ah ! mais, il faut parler, maître Jaspin ; vous en avez trop dit pour vous arrêter maintenant. L'aveu et le sursis, ou bien j'avance l'heure !

Jaspin épouvanté ouvrit la bouche pour

parler. Soudain un bruit éclatant de cris et de fanfares emplit la place sur laquelle ouvraient les fenêtres du cabinet de Louvois.

— Vive le roi! cria la foule en débordant sur la place comme une mer mugissante, — vive le roi!

— Le roi? dit Louvois avec un élan de colère.

— Le roi! répéta Jaspin en se précipitant vers la fenêtre dans le délire de la joie.

— Le roi et madame de Maintenon ont

doublé l'étape et entrent dans Valenciennes, vint dire l'aide-de-camp à Louvois consterné.

Au nom de la marquise, Jaspin tomba sur ses genoux comme un insensé, envoya des baisers vers le ciel, et se dégageant des bras de Louvois qui lui tendait le sursis et l'enlaçait comme un serpent afin d'obtenir de lui une parole :

— Madame de Maintenon à Valenciennes, cria l'abbé en se frayant un passage au milieu des officiers et des serviteurs de Louvois. Ah ! Gérard est sauvé, gardez votre papier, monsieur, je n'en ai plus que faire.

Et le petit homme, après avoir embrassé Rubantel en courant, se jeta à corps perdu dans la foule qui bordait les rues sur le passage des carrosses du roi.

— Les secrets de madame de Maintenon !... répéta Louvois en se laissant tomber accablé sur son fauteuil.

V

UTILITÉ D'UN PÉCHÉ DE JEUNESSE.

Les rues étaient encombrées. Cette ville toute émue encore du passage de quarante mille hommes, bouleversée par les terreurs des religieuses et les exigences des corps d'élite, respirait à peine depuis deux heures. Car toutes les troupes en étaient sorties grâce à l'infatigable surveillance de Louvois, à son génie organisateur, à sa rude façon de se faire obéir.

Ce n'était plus un mystère pour personne : l'armée française marchait sur Mons, que les têtes de colonne avait déjà entourée, quand l'arrière-garde quittait à peine la chaussée de Valenciennes.

On juge de l'effet que produisit l'arrivée subite de Louis XIV. Le roi n'avait pas commandé d'armée depuis quelque temps. Avec le roi venaient les princes : avec le roi venait madame de Maintenon, qui, reine de fraîche date, ne s'était point encore montrée à ses sujets du nord, comme le faisait si habituellement autrefois madame de Montespan.

Le roi avait dû cacher son arrivée, comme on avait caché celle des troupes. Louvois n'attendait son maître que le lendemain. Un caprice royal, un rien, un frisson de madame de Maintenon, peut-être, frisson prophétique, ayant fait doubler la dernière étape, Louis entrait à Valenciennes de jour au lieu d'y arriver aux flambeaux.

Douze carrosses remplis de grands officiers de la maison, s'avançaient lentement par les rues jusqu'à l'hôtel de ville où les logements étaient marqués depuis la veille. Le carrosse du roi chargé de pages, entouré d'écuyers et de gardes, était suivi par le carrosse plus modeste dans lequel tous les yeux cherchaient avidement la marquise de Maintenon. Sereine et un peu pâle sous ses coiffes, elle était en compagnie de deux dames et d'un maréchal de France; un écuyer du roi escortait le carrosse, à cheval, et très attentif près de la portière.

Cette femme dont toute l'Europe parlait sans cesse, et qui venait d'atteindre à une si haute fortune, portait sa grandeur sans fatigue et sans faste. On devinait en elle une ame supérieure à cette fortune même, et la foule qui la dévorait des yeux se taisait, mais non sans admiration ni respect.

Le cortége avançait ; un temps radieux faisait de cette entrée improvisée une entrée triomphale. Les échevins du bailliage, de la prévôté, du parlement, les chefs de milices, les grands officiers encore en séjour dans la ville, se hâtaient d'accourir, et leurs escortes particulières, après avoir fait refluer la foule, s'allaient joindre à la grande escorte comme les affluents au fleuve.

Tandis que les cloches sonnaient, que le canon tonnait, que les cris éclataient, Louvois caché derrière un rideau, voyait, se rongeait le cœur et dardait sur madame de Maintenon des regards qui l'eussent pulvérisée, si la pensée d'un ennemi tuait à distance comme une bombe.

Cependant, le premier carrosse de ce cortége qui fût entré dans Valenciennes, dix minutes avant les autres, renfermait deux femmes et un homme, qui se firent conduire directement à une entrée basse de l'hôtel-de ville, où ils mirent pied à terre.

L'homme descendit le premier; il était vêtu simplement, portait l'épée et tenait sous son bras un petit coffret d'ébène incrusté d'argent. Nous connaissons cette figure pour l'avoir vue chez madame de Maintenon, à Versailles, un soir que la marquise soupait en attendant M. de Harlay.

C'était le maître-d'hôtel de madame de Maintenon, un fort poli et fort honnête homme.

Manseau offrit son bras à une vieille personne, aussi noir coiffée que la marquise, aussi pincée, aussi raide, aussi prude de démarche et de visage.

Pincée sans circonspection, raide sans austérité, montrant vingt-deux dents avec lesquelles un fabricant d'ivoirerie en eût fait facilement soixante-quatre comme celles de la marquise, c'était la camériste singeant sa maîtresse, c'était mademoiselle Nanon Balbien, la puissance des puissances.

Mademoiselle Nanon mit le bout de ses doigts sur le bras de Manseau, tourna et retourna chastement ses grandes jupes que le carrosse avaient frippées. Elle baissa les yeux pour ne pas voir tous ces hommes qui la regardaient descendre de carrosse, et se rengorgea béatement quand elle entendit quelques imbéciles murmurer à son oreille :

— N'est-ce point là madame de Maintenon ?

Telle était, en effet, la prétention de mademoiselle Balbien, qui sans les fréquentes admonestations de la marquise, eût copié plus exactement, c'est-à-dire plus ridiculement encore cet illustre modèle.

Et du reste, comment l'orgueil n'eût-il pas tourné cette faible tête ? Comment ce pauvre reflet ne se fût-il pas figuré être lumière? Comment *ma mie* Balbien n'eût-elle pas cru être un fragment de madame Scarron?

Nanon voulait bien admettre que Louis XIV ne l'eût pas épousée. N'était-ce pas assez de modestie de sa part? Elle laissait le roi sans partage à sa maîtresse, mais seulement le roi. Quant aux princes, quant aux ambassadeurs, quant aux ministres, quant à la cour entière, tout cela était à elles deux puisque tout se donnait à elles deux.

*

Et certes, jamais la maîtresse ne reçut et n'exigea autant d'hommages que la suivante. Ainsi madame de Maintenon avait-elle eu l'esprit de faire respecter jusqu'à ses humbles commencements. Mais mademoiselle Balbien semblable à l'âne chargé de reliques, aimait mieux croire qu'on l'adorait que de rapporter à la véritable idole les cantiques et l'encens.

Cette fière personne entra donc par une des faces latérales de la maison de ville, où les maréchaux-de-logis et les fourriers du roi vinrent la recevoir et lui indiquer le logement de la marquise.

Car, dans les voyages, madame de Maintenon affectait de loger séparément comme une simple dame du Palais, et son service arrivait toujours à la destination avant celui du roi, afin que toutes choses étant préparées bien à l'avance, elle fût la première installée et en mesure de recevoir immédiatement le roi sans aucunes traces des embarras ou du désordre d'un voyage.

C'est à cela que mademoiselle Balbien daignait s'employer d'ordinaire lorsqu'elle consentait à supporter les fatigues d'un déplacement. Elle connaissait les habitudes et les besoins simples de sa maîtresse : une chambre bien rangée, des étoffes sombres pour tentures, la petite table pour elle avec un fauteuil du côté du lit, une autre table avec un fauteuil en face pour le roi, quelques faïences ou émaux bleu et blanc qu'elle affectionnait, avec des fleurs odorantes, bien que le roi eût les odeurs en exécration ; mais il les supportait chez la marquise.

Puis, à l'arrivée, un bouillon et une aile de poulet les jours gras, une tasse de lait et des biscuits les jours maigres, et avant tout une bougie allumée pour cacheter des lettres, car la vie de la marquise se passait à cacheter des lettres quand elle ne lisait pas celle d'autrui.

Jamais mademoiselle Balbien n'accomplissait ou plutôt ne faisait accomplir son œuvre sans soupirer, gémir, se plaindre des douleurs de reins, et se faire soigner, chemin faisant, par les femmes de chambre. A elle le premier consommé, ou le premier sirop, qu'elle savourait lentement, assise sur le fauteuil où se devait asseoir la maîtresse, accoudée sur la table où la maîtresse allait appuyer ses coudes.

Et madame de Maintenon, qui plusieurs fois l'avait surprise prenant ainsi ses débats, au grand scandale de quelques zélés, s'était contentée de dire en souriant que sa bonne Nanon lui essayait une chambre neuve.

Ce jour-là quand les officiers de service

eurent présenté leurs respects à mademoiselle Balbien, et qu'elle eût distribué le blâme ou l'éloge, après qu'elle se fût un peu querellée avec Manseau, qui ne lui avait pas fait préparer son potage et dont la froide patience, plus cruelle qu'un mauvais procédé, irritait la vieille demoiselle, *ma mie* Balbien fit ranger la chambre de sa maîtresse, et visita le passage qui aboutissait de cette chambre aux appartements du roi.

Mais à Valenciennes, les fourriers n'avaient pu mettre les deux logements de niveau. Un escalier sombre et étroit les séparait. C'était désolant, mais irréparable. Mademoiselle Balbien, qui s'était heurtée aux premières marches, poussa des exclamations sans fin, et n'ayant plus sous la main les fourriers, se mit à larder Manseau en répétant :

— Jamais le roi ne pourra descendre par là chez nous.

— Vous lui éclairerez, mademoiselle, reprit flegmatiquement le maître-d'hôtel en dressant sa collation sur la petite table.

— Eclairer !... en plein jour !... comme c'est ridicule, dit ma mie Balbien.

— S. M. songera que nous sommes en province, mademoiselle.

Nanon haussa les épaules.

— Oh! d'ailleurs, grommela-t-elle, que disais-je en plein jour! Il sera nuit fermée quand vous aurez fini votre service, au train dont vous y allez!

— Il est inutile que je sois prêt d'avance, mademoiselle, répliqua Manseau du même ton poli; un bouillon froid n'est bon que pour le rhume.

Et il continua d'essuyer la porcelaine de Chine avec le soin le plus minutieux.

Mademoiselle Balbien se démenait furieusement.

— Vous savez, dit-elle, qu'aujourd'hui, nous avons tout au plus un quart d'heure d'avance.....

— Le roi et Madame sont au grand degré à recevoir les compliments, reprit Manseau tranquillement. Il y en a pour une demi-heure de compliments à Valenciennes. Les gens y sont éloquents.

Et le maître-d'hôtel plaça près de l'assiette et de la jatte le service de vermeil enfermé dans son *cadenas* doublé de satin amaranthe.

Madame de Maintenon, depuis son

mariage avait le cadenas, comme une reine.

Mademoiselle Balbien, n'ayant plus rien à répliquer, s'apitoya sur elle-même.

— Voilà qui est heureux ! s'écria-t-elle, une demi-heure de harangues !... et je meurs de besoin, et personne ici ne songe à moi.

— Que ne le disiez-vous, mademoiselle, repartit Manseau imperturbablement, je me serais empressé de vous faire servir. Seulement, je ne puis deviner. Voulez-vous dîner tout à fait ou seulement vous rafraîchir ?

— Que prend Madame ?

— Une soupe au riz, des becfigues.

— Eh bien, M. Manseau je prendrai la même chose, s'il vous plaît.

— Mademoiselle, il n'y a de becfigues que pour madame, répondit le maître-d'hôtel ; madame mange si peu ! mais nous vous trouverons des mauviettes. Et Manseau ayant fini de dresser le couvert se disposait à sortir quand madame de Maintenon apparut au seuil de son appartement.

Elle était entourée de courtisans,

d'évêques, d'officiers généraux ; elle avait les mains pleines de placets, et souriait à deux ou trois supérieures des principaux couvents de la ville, qui étaient venues saluer en sa personne la supérieure générale de tous les couvents de France.

Lorsqu'elle eut, sur son palier, passé une sorte de revue de tout ce monde, elle salua et congédia, selon son habitude, après avoir assigné quelques audiences.

Alors, cette foule s'éloigna, et la marquise rentra toute seule chez elle, où Nanon et Manseau l'attendaient, l'un dans la première chambre, l'autre dans la seconde.

En traversant la première, qui était une sorte de grande antichambre richement tapissée de vieilles tentures de Bruges, la marquise demanda par quel endroit son appartement communiquait avec celui du roi.

Manseau indiqua l'escalier dont nous avons parlé, la marquise y jeta un coup d'œil indifférent, et, de cette première chambre passa dans la seconde qui était la sienne, celle-là où Manseau avait dressé la table et le couvert.

Il y laissa pénétrer sa maîtresse que deux femmes attendaient avec une toilette fraîche.

— Nanon, dit-elle, je ne recevrai personne avant deux heures, veille à ce qu'on ne me trouble point. — Personne, entends-tu bien !

Nanon ferma la porte et sortit pour aller prendre à l'office son potage et ses mauviettes.

Mais elle n'avait pas fait trois pas dans cette antichambre, qu'un fracas épouvantable se fit entendre dans les montées sonores ; quelque chose de lourd roula de marche en marche, enfonça la porte de l'escalier, et une sorte d'énorme pelote noire et grise s'étant développée comme un hérisson et dressée sur ses deux pattes, mademoiselle Balbien vit en face d'elle un petit homme moitié rose, moitié pâle qui s'écria les bras étendus :

— Madame de Maintenon, s'il vous plaît ?

C'était encore notre ami Jaspin.

Nanon poussa trois cris de jeune fille effrayée et se réfugia derrière un paravent; au même moment entrèrent dans l'antichambre un huissier du roi et un gendarme de service, qui crièrent tout haletants :

— Où est-il ? où est-il ?

— Le voici ! cria Nanon en désignant l'intrus, qui se frottait les genoux tout effaré.

— Merci, mademoiselle Nanon, dit l'huissier, qui allongea la main vers sa proie.

— Nanon ! répéta Jaspin qui d'un bond se dégagea des mains de l'huissier, et accourut regarder en face la vieille fille.— Nanon Balbien !

— Eh bien ! Après ? répliqua celle-ci.

—Nanon qui était servante de madame Scarron ? Nanon que... Nanon qui...

— Ah çà ! avez-vous fini de dévisager ainsi mademoiselle, s'écria l'huissier, qui se fit aider du factionnaire. Est-ce pour cela que vous vous êtes ainsi introduit chez le roi ?... Fouillons-le !...

— Mais, en vérité, c'est elle ! s'écria Jaspin ; je la reconnais !... Et vous, Nanon, reconnaissez-moi donc !...

— Monsieur ! fit la vieille demoiselle troublée par je ne sais quel vague souvenir.

— En 1660, sur la route de Lorraine.

— Monsieur !

— Un petit précepteur tout joufflu, tout rose, qui cherchait condition...

— Mais, Monsieur...

—Tandis que vous alliez attendre votre maîtresse alors en voyage.

— Oh ! Monsieur...

— J'avais vingt-quatre ans, vous en aviez...

— Assez !

— Mademoiselle Nanon me reconnaît !

s'écria Jaspin aux deux hommes ; lâchez-moi !

— Est-ce vrai ? Mademoiselle, dirent ceux-ci un peu étonnés...

Nanon hésitait encore.

— Je suis votre compère... Jaspin !.... le petit Jaspin ! ajouta l'abbé d'une voix qui fit tressaillir la vieille fille.

— Oui, oui, dit-elle, suffoquée... Retirez-vous, Messieurs.

Les deux gardiens saluèrent et partirent.

— Ah ! enfin ! dit Jaspin, qui respira tout-à-fait.

Nanon, éperdue, se cachait le visage dans ses mains, comme si le plafond menaçait de lui choir sur la tête.

— Vite, lui dit l'abbé, conduisez-moi à madame la marquise.

— Mais c'est impossible.

— Rien n'est impossible, belle Nanon.

— Madame attend le roi.

— Le roi attendra.

— Mais que dire à madame ?

— Que je suis votre ami.

— Vous voulez donc me deshonorer ?

— Allons donc !

— Nanon ! demanda la marquise de l'autre chambre, qu'est-ce que tout ce bruit que j'entends ?

Nanon joignit les mains avec angoisses.

— Elle est là ! cria Jaspin en se précipitant vers la porte.

— Vous me perdez ! gémit Nanon, s'accrochant à lui pour l'arrêter, mais il se dégagea et passa.

— Ah çà, vraiment qu'y a-t-il ? dit madame de Maintenon, dont une femme de chambre venait d'ouvrir la porte.

Nanon faillit s'évanouir.

— Madame... murmura Jaspin, en s'avançant gracieusement.

— Que veut cet homme ? demanda la marquise stupéfaite.

— Une audience, répliqua Jaspin.

— Et mes ordres, Nanon ? dit la marquise avec sévérité.

Le regard de Jaspin fouetta si vertement la vieille fille immobile, qu'elle s'élança près du fauteuil de sa maîtresse et lui dit ;

— Monsieur l'abbé Jaspin.

Puis, après ce coup d'état, elle regarda l'abbé à son tour, implorant sa discrétion, qu'il lui promit par un affectueux sourire.

—Péché maudit! soupira la vieille fille avec désespoir, en fermant la porte sur la marquise et sur Jaspin.

— Heureux péché! murmura l'abbé.

VI

LES SECRETS DE MADAME DE MAINTENON.

Mais Jaspin, qui avait tant désiré cette audience de madame de Maintenon, ne fut pas médiocrement embarrassé lorsqu'il se vit en face d'elle.

C'est qu'elle n'était pas de ces femmes qu'on regarde facilement. Ses grands yeux fixes, impénétrables, lançaient une flamme rayonnante à laquelle un aigle se fût brûlé ! Et Jaspin n'était qu'un pauvre papillon bien obscur.

Et d'ailleurs, quand il eût osé la regarder, cette femme illustre, ce n'était pas tout. Il fallait oser lui parler. Etait-ce bien facile de lui dire ce qu'avait à lui dire Jaspin ?

Il baissa la tête ; son cœur débordait. Tant de douleurs y bouillonnaient si tumultueusement que l'éruption était prochaine. Mais quand on parle aux grands, c'est la première parole qui est importante. Ils n'entendent souvent que celle-là.

— Eh bien, Monsieur, lui dit la marquise lorsqu'elle fut un peu remise de l'étrange présentation que Nanon lui avait faite. Mademoiselle Balbien vous a conduit à moi, ce doit-être pour quelque objet de conséquence ?

Jaspin n'eut que la force de faire un signe d'assentiment.

— Dans l'intérêt de l'Eglise, sans doute ? continua la marquise.

Jaspin eût donné un an de sa vie pour trouver une phrase ; mais il régnait dans ses idées trop de confusion pour qu'une idée sortit seule et nette.

La marquise, un peu impatiente, ajouta sèchement :

— Hâtez-vous, Monsieur, mon temps est pris.

Jaspin leva les yeux et osa regarder. Ce n'était plus cette figure jeune et charmante du portrait qu'il connaissait si bien et dont il voulait faire dorer le cadre, c'était un visage austère et froid, toujours beau sans doute, mais auquel manquait le rayon vivifiant d'un sourire. Oh! si madame de Maintenon eût souri, Jaspin se fût jeté à ses genoux et lui eût tout dit.

Mais l'inflexible beauté de cette figure antique lui fit peur, le glaça : il avait en face de lui une reine, il parla comme un placet.

—Madame, murmura-t-il, je venais demander à votre.... — il allait dire majesté, peut-être eût-il gâté les affaires, — votre bonté, la grâce d'un pauvre jeune homme condamné.

La marquise fronça le sourcil et se leva. Elle ne s'attendait point à cette requête banale..... Les façons bizarres de Nanon, le mystère et la violence de cette introduction de Jaspin, lui avait promis autre chose.

Elle fit deux pas avec la roideur d'une statue et répondit laconiquement :

— J'ai l'habitude de ne point me mêler des affaires de la justice.

Et sa main acheva la phrase ; cette belle main disait adieu à Jaspin.

— Ce jeune homme s'appelle Lavernie! s'écria l'abbé rendu à lui-même par le danger de la situation.

La marquise tressaillit, Jaspin s'en aperçut et baissa aussitôt les yeux.

Madame de Maintenon d'une voix calme, mais avec une attention profonde :

— Quel Lavernie? demanda-t-elle.

— Lavernie en Argonne, dit Jaspin tout bas.

L'émotion de la marquise ne se révéla cette fois que par un regard; mais ce regard alla fouiller jusqu'au fond du cœur de Jaspin. Elle se tut pendant une minute, qui suffit à cette ame profonde pour absorber, pour éteindre tout le tumulte et tout le feu de ses pensées; et la surface resta paisible et sereine, comme celle des flots qui viennent d'engloutir un navire en flammes.

— Monsieur, reprit-elle, vous m'avez entendue, je ne puis rien.

Jaspin, s'approchant au lieu de prendre congé comme elle s'y attendait.

— Mais, Madame, dit-il doucement, vous ne vous rappelez donc pas la comtesse de Lavernie ?

Une secousse nerveuse plissa le front pur de la marquise.

— Parfaitement, dit-elle avec calme.

— Une amie..... quelle amie!... s'écria Jaspin en joignant ses mains et en regardant le ciel avec une ineffable expression de tendresse et de regret.

— C'est vrai, répondit la marquise en tressaillant de nouveau sans pouvoir se vaincre, et cependant Jaspin la regardait; toute troublée, elle ajouta vivement:

— Vous venez en son nom pour me demander de m'intéresser à ce jeune homme? qui êtes-vous? comment êtes-vous entré ici?

— Je suis le précepteur du comte Gérard, Madame...

— Pourquoi madame de Lavernie n'est elle point venue elle-même ? pourquoi n'a-t-elle pas au moins écrit? Ne me néglige-t-elle pas un peu..... quand il s'agit de son fils, surtout ?

— Elle est morte ! madame, répondit le digne abbé, que cette parole et son émotion achevèrent de suffoquer.

Les yeux de la marquise s'enflammèrent, Jaspin avait bien épié sur son visage l'effet de cette révélation.

— Morte ! s'écria-t-elle. Depuis quand ?

— Hélas ! madame, depuis le mois d'août.

— Et quand donc a été condamné ce jeune homme ?

— Hier.

— Hier !... Et vous venez aujourd'hui à moi... Pourquoi à moi de préférence, à moi qui n'ai de pouvoir que par mes prières ? se hâta de dire madame de Maintenon, dont le regard ne cessait d'interroger l'âme et les traits de Jaspin.

— Je suis venu à vous, madame, répondit-il sans se troubler, parce que souvent j'ai entendu madame de Lavernie parler de la tendre amitié qui vous unissait à elle dans sa jeunesse, parce que l'arrêt qui vient d'être prononcé contre monsieur Gérard de Lavernie doit être exécuté sous deux heures, et que le ciel, si miséricordieux, vous a envoyée ce matin à Valenciennes.

A mesure que l'abbé parlait, il voyait s'effacer le pli profond que l'inquiétude avait d'abord creusé sur le front de la marquise. Il se sentait regardé avec des yeux plus doux. Cette pesante influence de deux yeux si clairvoyants dans leur défiance se dissipait peu à peu ; et, en effet, la marquise se crut assez forte pour pouvoir interroger.

— Ainsi, dit-elle, cette digne comtesse

a quitté le monde..... sans un souvenir pour moi ?

— En mourant, madame, sa pensée vous a légué le comte Gérard : voilà pourquoi je vous supplie aujourd'hui de le sauver.

— Qu'a-t-il fait ?

— Il a déplu à M. de Louvois.

— Ah ! seulement ?

— Cela suffit, madame.

— Non pas pour justifier un arrêt de mort. Il y a eu infraction à la discipline, insubordination, peut-être. — M. le marquis de Louvois est sévère, et il a raison ;

néanmoins, je vais parler... je solliciterai...

— Madame, je vous expliquerais bien la conduite et l'innocence du comte Gérard ; mais le temps presse. Ce matin, le conseil de guerre a prononcé. M. de Louvois, que j'ai vu et à qui j'ai parlé, m'a quitté furieux.

— Furieux de quoi ?

— De la confiance qu'il m'a vue... des menaces que je lui ai faites.

— Confiance en qui ? demanda la marquise rappelée à ses inquiétudes.

— En vous, madame.

— Vous avez parlé de moi à M. de Louvois, s'écria madame de Maintenon avec plus d'agitation qu'elle n'en avait encore fait paraître, vous avez menacé M. de Louvois à cause de moi..... à propos de madame de Lavernie et de son fils...

— Sans doute, madame, repartit simplement Jaspin, je ne pouvais pas faire autrement. M. de Louvois me refusait la grace du comte, bien qu'il sût les rapports d'amitié qui vous unissent à la famille de Lavernie, j'ai donc menacé M. de Louvois d'un pouvoir supérieur au sien.

— Mais, interrompit la marquise avec autant de colère que de crainte, vous avez eu grandement tort, monsieur. Que j'aie eu comme vous dites des rapports d'amitié avec la famille dont il s'agit, cela ne regarde en rien le ministre.... et puis, moi je n'ai pas de pouvoir, je n'ai de supériorité sur personne, je n'entre jamais en lutte avec les ministres du roi, qui sont les interprètes ou les exécuteurs de ses volontés. Si vous avez fait cela, monsieur, je vous désavoue, je vous blâme.

Jaspin devint pâle. Il venait de lancer une bien malheureuse parole. — Que dirait-elle, mon Dieu, pensa-t-il, si elle savait combien il s'en est peu fallu que je ne livrasse tout son secret à M. de Louvois.

— Je croyais pouvoir compter, bégayat-il, que vous n'abandonneriez pas M. de Lavernie.

— Et pourquoi cela, monsieur ? s'écria la marquise emportée.

— En mémoire de sa mère, répliqua Jaspin.

— Il n'est pas d'amitié qui force le devoir, monsieur l'abbé. Si toutes les personnes qui m'ont été amies se targuaient de cette amitié lorsqu'elles ont offensé le roi ou les lois, pour venir menacer de moi les ministres, on verrait d'étranges choses. Oh ! non, monsieur, il n'en sera pas ainsi ; la protection dont le roi daigne m'honorer me rend circonspecte au lieu de me donner de l'audace. Plus S. M. m'accorde de confiance, plus je tâche d'en mériter. Quiconque outrage les lois est mon ennemi, et j'abandonne un coupable sans regrets, sans remords, sans souvenir d'une amitié, que d'ailleurs son crime dénoue. Je dirai moi-même à M. de Louvois, continua-t-elle en frissonnant d'une secrète épouvante, je lui dirai mes principes à cet égard. Ainsi, monsieur l'abbé, ne comptez plus sur moi. J'eusse agi peut-être efficacement pour sauver le fils d'une ancienne amie;

mais puisque vous avez été me compromettre et vous compromettre vous-même, prenez que nous n'ayons rien dit l'un et l'autre. Ah! monsieur, mon cœur saigne; mais je suis surprise qu'un homme de votre âge et de votre caractère ait commis une pareille inconvenance; les gens d'église, monsieur, doivent être patients et humbles. Adieu, monsieur.

Jaspin, après avoir laissé passer la tempête sur ses épaules courbées, voulut essayer de voir s'il ne restait pas au ciel un peu de cet azur qui promet le calme et le soleil.

— Elle a raison, se dit-il, encore un

peu de patience et d'humilité. Je suis le plus fort, et d'un mot je l'écraserais; soyons patient et humble; ménageons-la!

— Enfin, madame, reprit l'abbé d'une voix suppliante, vous ne perdrez pas, par la faute du pauvre Jaspin, un homme généreux et innocent qui porte le nom de Lavernie.

— Portât-il le nom d'Aubigné, fût-il mon frère, monsieur, je ne le perdrai point; non, mais je le laisserai à la justice.

A ces paroles émanées d'une volonté

inflexible, et qui lui ôtait tout espoir, l'abbé lança sur la marquise un regard ferme et menaçant, éclair contre éclair, réponse vigoureuse du fer au fer quand deux épées se choquent.

— Elle l'a voulu, murmura-t-il; à son tour de trembler et de demander grâce.

— Madame, dit Jaspin d'une voix tremblante, mais sans peur cette fois, peut-être pourriez-vous écouter votre amour pour la justice et négliger la charité chrétienne, s'il s'agissait d'une circonstance ordinaire; mais ici, madame, vous êtes en face d'une exception.

La marquise leva fièrement la tête, etonnée de cette audace et de cette résurrection du pauvre esprit qu'elle avait vu si bas.

— Il ne s'agit pas, je le répète, madame, d'un fils de famille qui s'est rendu coupable et que vous abandonnez aux lois. Il ne s'agit pas d'une amie qui vous lègue son fils et dont vous foulez aux pieds la mémoire et la volonté dernière. M. de Lavernie n'est point seulement un fils de famille ou le fils d'une amie....

— Et qu'est-il donc?..... balbutia madame de Maintenon qu'un serpent mystérieux mordit subitement au cœur.

Jaspin garda un moment le silence, en apparence pour reprendre haleine et s'essuyer le visage, mais au fond pour dompter sa colère et imposer le calme et l'ordre à sa parole, dont il n'était plus le maître.

— Répondez, monsieur, répondez donc! dit la marquise en s'avançant presque tremblante.

— Vous n'ignorez point, madame, repartit lentement l'abbé, que la comtesse de Lavernie avait deux fils, deux jumeaux; vous ne l'ignorez point, vous qui étiez de ses amies.

La marquise pâlit, se redressa ou plutôt recula, et d'une voix étouffée :

— Je le sais, murmura-t-elle, et l'un d'eux est mort, n'est-ce pas ?

— Oui, madame, l'un d'eux est mort. Mais il y a autre chose que certainement vous ne savez pas, sans quoi je vous eusse trouvée plus douce et plus miséricordieuse, vous qui régnez sur le monde par votre beauté comme par votre génie !

La marquise sentit que ses yeux vacillaient, que Jaspin la dominait avec la simple et touchante fixité de son regard honnête, elle étendit la main vers son fauteuil dont elle serra convulsivement le dossier.

— Ecoutez, lui dit l'abbé, écoutez une douloureuse histoire, abaissez votre regard des hauteurs où vous planez sur les misères de cette terre, apprenez ce que souffrent ici bas les mères qui ne sont pas reines, les reines qui ne sont pas mères !

La marquise n'y put tenir plus longtemps; épouvantée, elle s'écria :

— Mais qu'allez-vous me dire, monsieur ?

L'abbé craignit de trop laisser voir sa pensée et son triomphe.

— Quelque chose qui ne vous regarde pas, sans doute, madame, mais que vous entendrez avec intérêt, puisque c'est un secret que madame de Lavernie, votre amie si dévouée, m'a confié au lit de la mort.

— Un secret ayant rapport à qui? demanda madame de Maintenon, pâle et fiévreuse.

— A la naissance de ces jumeaux, répliqua froidement Jaspin.

La marquise tomba glacée, attérée, sur son fauteuil. Jaspin, sans avoir rien perdu de l'effet qu'avait produit son pieux mensonge, leva les yeux au ciel comme pour s'excuser devant Dieu; puis, courbant de nouveau la tête, afin de se recueillir et de ne point risquer une parole :

— Vous avez connu, dit-il, madame, le tendre amour qui unissait M. de Lavernie à sa femme. Ils s'étaient retirés du monde, de ce brillant et splendide monde parisien que fuient les pauvres s'ils ne veulent devenir envieux, et les gens qui s'aiment s'ils ne veulent devenir jaloux et cesser de s'aimer. L'amour de ces deux nobles créatures avait été inspiré par Dieu, béni par Dieu. Tous deux le gardèrent avec religion, comme nous entretenons, nous autres prêtres, dans nos chapelles, une lampe consacrée au Seigneur. Ils s'étaient mariés en 1660, avant la paix des Pyrénées, et retirés en leur domaine de Lavernie. Le comte fut bientôt appelé par le roi, qui connaissait sa fidélité. On lui donna une mission importante en Provence, où il s'agissait de démanteler la citadelle de Marseille et celle d'Orange. M. de Lavernie commandait là un corps de troupes qui séjourna jusqu'après l'exécution complète des ordres du roi. Pardonnez-moi ce verbiage, madame, je remonte un peu haut, mais je suis vieux, moi, et me souviens de loin.

Il fallait voir comment la marquise écoutait ce prétendu verbiage, avec quels yeux elle dévorait le narrateur!

— Continuez, murmura-t-elle en froissant de ses doigts la dentelle de ses manchettes.

— Madame la comtesse, poursuivit Jaspin, était près d'accoucher lorsque son mari partit pour la Provence, et ce fut une violente douleur pour tous deux que l'absence du comte en un pareil moment. Mais je vous l'ai dit, madame, Dieu bénissait leur union, et, le 26 août 1660, le propre jour de l'entrée à Paris du roi et de la nouvelle reine, la comtesse donna naissance à un fils.

L'abbé avait prononcé lentement et comme en affectant de leur donner de la valeur, ces derniers mots qui firent un spectre de la marquise.

— Vous vous trompez, monsieur, bégaya-t-elle en se cramponnant au fauteuil. C'est à deux enfants que madame de Lavernie donna le jour.

Et ici, un effrayant silence de quelques secondes permit à Jaspin d'entrevoir le visage défait, l'attitude bouleversée de madame de Maintenon.

— Je ne me trompe point, répliqua-t-il, puisque c'est là le secret dont je voulais vous faire part, madame. J'étais arrivé le matin même dans ce canton, moi pauvre prêtre étudiant, joyeux comme l'oiseau que Dieu nourrit tous les jours, et je cherchais une éducation à faire : bien qu'ignorant, j'espérais en savoir toujours plus qu'un enfant. J'avais vingt-cinq ans, madame, et une figure honnête : j'avais dépensé, deux ou trois jours avant, trop mondainement, j'en demande pardon à Dieu, mes trois derniers écus, j'étais à jeun depuis la veille ; je me hasardai d'aller au château. Madame de Lavernie était encore debout : c'était le matin, je m'en souviens toujours, et elle n'accoucha que le soir. Si vous saviez, madame, comme elle était belle, malgré la pâleur de ses premières souffrances, comme son sourire était doux, comme cette jeune femme promettait une noble mère...

Ici l'abbé sentit sa poitrine soulevée par un sanglot déchirant. Il cacha son visage dans ses mains, et la marquise vit glisser entre ses doigts de grosses larmes.

Elle appuya une main sur sa poitrine ; on eût entendu battre son cœur.

— Pardon encore, dit Jaspin ; mais c'était une femme, vous le savez, qu'on ne pouvait regarder sans se sentir l'envie de lui sourire, et je ne pourrai jamais penser à elle sans avoir envie de la pleurer. Eh bien, ce jour-là je lui demandai si elle ne voudrait pas me trouver une place de précepteur ; je lui dis que je serais dévoué, fidèle, reconnaissant, et que j'avais grand'faim.

— Je n'ai pas encore d'enfant, répliqua la jeune comtesse avec sa voix charmante : mais j'en aurai un bientôt, aujourd'hui peut-être. Priez Dieu que ce soit un fils, monsieur l'abbé, priez avec ferveur ; mon mari serait si heureux d'avoir un fils !..... Et alors vous seriez son précepteur.

Oh! madame, comme je priai! Comme j'étais sûr d'être exaucé en implorant Dieu pour un de ses anges ! Tout le jour, je restai en prières, et vers minuit, comme je guettais pour avoir des nouvelles, auprès du pont, hors du château, vous savez... — pardon, s'écria vivement Jaspin, j'oubliais que vous ne connaissez peut-être point Lavernie, — comme je guettais, dis-je, je vis sortir à cheval le chirurgien qu'on avait été chercher à la ville voisine, et qui s'en retournait après l'opération accomplie.

—Eh bien ! lui criai-je tout ému.

— Eh bien ! répliqua-t-il, M. le comte de Lavernie vient d'avoir un fils.

Et il partit au galop, me laissant transporté de joie, il avait dit : un fils — et le lendemain quand j'eus fait offrir à madame la comtesse mes respects et mes félicitations — j'étais en bas dans le vestibule, — j'entendis sa voix sonore qui disait :

— Remerciez M. l'abbé, dites-lui que j'ai *deux* fils et qu'il aura deux élèves.

— Deux fils.... vous voyez bien, deux jumeaux, murmura madame de Maintenon avec un accent et une hâte que Jaspin ne voulut point remarquer.— Le fait est, continua-t-elle, que, dans la nuit, après le départ de ce chirurgien, la comtesse avait été saisie de douleurs nouvelles, et qu'un second fils lui était né. — Voilà du moins ce qu'elle m'a écrit..... Je dois avoir la lettre...

— Madame, repartit gravement Jaspin, vous oubliez toujours que vous ne savez, vous comme tout le monde, que ce dont la comtesse a voulu faire part à tout le monde. Il y a un secret, souvenez-vous-en, seul je le sais, et le voici...

— Mais pourquoi, s'écria la marquise qui se leva, en proie au plus grand trouble, pourquoi, monsieur, me racontez-vous à moi..... un secret.... que Dieu vous ordonne de taire, puisqu'il vous a été révélé, dites-vous, au tribunal de la pénitence ?

—Parce qu'en le révélant, madame, j'espère sauver la vie d'un homme, et que Dieu n'a jamais ordonné au confesseur de laisser mourir une créature qu'il peut sauver !

La marquise en ce moment offrait l'image la plus effrayante du désespoir et de l'effroi. On la voyait combattre comme dans une agonie, contre le désir d'arrêter avec un mot les révélations de Jaspin. Ce mot errait sur ses lèvres ; puis, tout-à-coup, le ressort puissant de cette âme se tendait pour une lutte nouvelle. Jusqu'où sait-il ? se demandait la marquise... peut-être ne sait-il pas tout, attendons !

Jaspin, le simple cœur si peu capable

de se défendre en toute autre circonstance contre le génie de la marquise, saisissait cependant chaque fluctuation de son âme et la suivait dans tous ses mouvements comme le pêcheur voit au fond de la mer s'agiter sourdement dans les dernières convulsions sa proie harponnée et garottée aux flancs de la barque.

La marquise jeta autour d'elle un coup-d'œil défiant.

— Ce que personne n'a su, reprit Jaspin en baissant la voix, c'est que la comtesse de Lavernie avait reçu le jour même de ses couches un message mystérieux qui lui demandait une entrevue à la petite porte de son parc. Elle trouva là une ancienne et bien chère amie à elle, une victime de ce monde brillant où toutes deux avaient vécu. Cette femme venait de quitter Paris précipitamment pour cacher à tous les yeux une grossesse qu'elle ne pouvait attribuer à son mari. Fière jusque dans sa faute, indomptable en son malheur, elle ne s'était pas même confiée à son amant à qui, plus encore peut-être qu'à tout autre, elle avait caché sa situation. Elle s'était rappelé seulement une ancienne amie, la comtesse de Lavernie, si heureuse et si pure, elle la fit mander et s'ouvrit à elle dans son désespoir. De vrai, madame, interrompit Jaspin, qui appliqua son mouchoir sur son visage pour ne pas voir madame de Maintenon combattre avec son flacon une défaillance inévitable, la comtesse était la consolatrice des affligés, la providence des malheureux, vaillante et ingénieuse dans ses charités ! — Je suis perdue et déshonorée, lui dit la pauvre femme fugitive, je ne survivrai pas à mon opprobre qui va éclater. Dans quelques heures je vais être mère; après, je me réfugierai dans les bras de la mort. Veillez sur mon enfant, et Dieu vous en récompensera. Je ne réclame de vous qu'un pardon pour mon âme, le silence et l'oubli pour mon corps.

La comtesse comprit tout le malheur de cette femme dont elle connaissait la volonté altière : — Vous ne mourrez pas, lui dit-elle. Mon mari est absent, je prendrai votre enfant avec celui que Dieu va me donner, je les élèverai ensemble comme deux jumeaux, et nul ne saura jamais votre secret, tant que vous ne m'en aurez pas dégagée vous-même. Venez d'abord avec moi, je vous dirai ce qu'il faut faire ; et souvenez-vous qu'on ne doit jamais désespérer, tant qu'on a près de soi un cœur généreux, car une amie fidèle remplace Dieu aux jours d'épreuve.

La marquise laissa tomber sa tête en

arrière sur l'écusson sculpté du fauteuil. Jaspin reprit vivement :

— Tout s'exécuta comme la comtesse l'avait voulu. La pauvre fugitive donna le jour à un fils dans le pavillon de chasse perdu au fond du bois. Et presque à la même heure, madame de Lavernie, qui avait fait placer son lit dans le grand salon, au rez-de-chaussée, la digne comtesse embrassa son fils, à elle, un enfant né au milieu de la joie de toute sa maison. Puis, quand le chirurgien fut parti, et que la comtesse eut renvoyé tout le monde... la nuit était tiède, l'air parfumé entrait par les fenêtres ouvertes..., alors, d'après un signal convenu entre elle et son amie, cette dernière apporta son enfant au château, le mit dans les bras de la comtesse, et disparut dans les parterres. Voilà comment, madame, le lendemain, deux jumeaux dormaient sur le lit de madame de Lavernie ; vous le savez maintenant aussi bien que moi.

Un sanglot trop longtemps contenu s'élança du cœur de la marquise, elle tourna vers Jaspin ses beaux yeux dilatés par la douleur et la crainte, et d'une voix étouffée :

—Oui, dit-elle, la femme qui a fait cela

était un ange... Mais l'autre mère, monsieur l'abbé, celle que la comtesse avait ainsi sauvée, vous la connaissez, n'est-ce pas ? madame de Lavernie vous a dit son nom ?...

— Jamais, madame, répliqua Jaspin en la regardant fixement ; et si je vous ai dit le secret, c'est pour que vous m'aidiez à la retrouver...

— A quoi bon ? dit impétueusement la marquise.

— Oh! madame, parce que cette femme est peut-être puissante, et qu'elle saura, si je la découvre, sauver Gérard de Lavernie... puisque vous ne pouvez rien pour lui.

—Vous ne la retrouverez pas, M. l'abbé, dit la marquise d'un ton pénétré—et d'ailleurs ce serait inutile, car ce nouveau trait que vous m'avez appris de la générosité de la comtesse lève tous mes scrupules; c'est à moi de veiller sur son fils, je m'en chargerai désormais.

— Oh ! non, répliqua Jaspin en secouant la tête; je ne suis pas au bout de ma tâche. Vous chercherez avec moi cette dame inconnue ; vous la chercherez encore plus avidement que moi-même quand je vous aurai conté l'autre partie de ce secret, dont vous ne savez encore que la moitié.

— Grand Dieu ! s'écria la marquise.

— Vous avez appris, madame, qu'un des deux jumeaux est mort...

— Oui...

— Vous savez que la comtesse venait de perdre son mari au siége de Maestricht, et qu'il ne lui restait plus pour soutien, pour affection, pour espoir, que ce dernier des jumeaux, mes deux élèves ?

— Sans doute, eh bien ?

— Eh bien ! se dit la comtesse, comme c'est moi qui ai élevé cet enfant, comme nul ne l'aimera autant que moi, il ne serait pas juste que l'on vînt me l'enlever par un caprice. D'ailleurs qui saura jamais s'il n'est pas le fruit de mes entrailles... le sait-il lui-même?... Non !... C'est Dieu qui m'avait envoyé ce second fils, il est bien à moi, je le garde.

—Mais, monsieur demanda la comtesse d'une voix qui n'avait plus rien d'humain, quel est donc celui des deux jumeaux qui est mort?

— C'était le fils de la comtesse, répliqua Jaspin.

—En sorte que celui qui survit?... balbutia madame de Maintenon en tremblant de tous ses membres.

— Celui qui survit, répondit Jaspin, en s'approchant de la marquise pour lui souffler au visage ces terribles paroles, celui qu'on appelle le comte Gérard de Lavernie, le malheureux enfant que M. de Louvois va tuer dans quelques heures, c'est le fils que l'inconnue avait déposé entre les bras de la comtesse, et dont je viens vous prier, madame, de m'aider à retrouver la mère pour qu'elle le sauve au moins de l'échafaud !

— La preuve ! la preuve ! s'écria madame de Maintenon, ivre à la fois de désespoir et de remords.

— Tenez, madame, dit l'abbé en tirant de son sein une miniature qu'il tendit à la marquise, voici le portrait de Gérard, vous voyez bien qu'il ne ressemble pas à Mme de Lavernie... Et puis quand il va passer pour mourir, regardez-le un peu lui-même, quelque chose me dit qu'il ressemble à sa véritable mère ; peut-être alors le reconnaîtrez-vous!...

En disant ces paroles, et tandis que la marquise dévorait ce portrait, Jaspin à bout de forces tomba sur ses genoux, la marquise le releva des deux mains, pour la première fois ses yeux de bronze laissaient tomber des larmes.

Bientôt l'éclair reparut dans son regard.

— Vous dites, s'écria-t-elle, qu'il a été jugé par un conseil de guerre?

— Présidé par M. le duc du Maine.

— Oh! le ciel soit loué!... Mais Louvois, est-ce qu'il sait...

— Rien... j'allais parler quand vous êtes entrée à Valenciennes.

La marquise frissonna.

— Que croit-il, enfin, depuis que vous l'avez menacé ?

— Que vous défendrez peut-être le fils d'une ancienne amie.

— Si je le défendrai !... jusqu'à la mort !

Et madame de Maintenon saisit une mante, des coiffes, erra comme en délire, et tout-à-coup, se souvenant, elle s'arrêta devant Jaspin et lui prenant les mains pour le bien regarder en face :

— Et *lui?* demanda-t-elle... que sait-il.

— Il sait que sa mère est morte, répondit Jaspin qui soutint loyalement ce regard, il sait que rien ne lui reste plus au monde, et s'attend à mourir, ainsi qu'il me l'a écrit ce matin ; voici sa lettre, lisez, madame.

La marquise lut cette lettre aussi avidement qu'elle avait regardé le portrait, serra énergiquement d'une main la main de Jaspin, et lui montra de l'autre le crucifix appendu à la tapisserie.

Jaspin fit un signe de croix lent et solennel, ce fut toute sa réponse.

Au moment où la marquise allait se

précipiter hors de la chambre, Nanon gratta timidement à la porte.

— Monsieur le duc du Maine, dit-elle, demande à présenter ses respects à madame.

— Qu'il entre, s'écria la marquise. Monsieur l'abbé, allez trouver M. de Lavernie. Dans deux heures il aura de mes nouvelles, ensuite, revenez, je vous attendrai ici !

Jaspin hébété, fou de joie, se heurta lourdement aux meubles, s'engouffra en sortant dans une tapisserie, embrassa dans la deuxième chambre la vieille fille qui courbait la tête et baissait les yeux. Elle poussa un petit cri, il s'élança dehors en se donnant comme une phalène dans tous les courtisans dorés, lumineux, qui encombraient le vestibule.

VII

PREMIER ACTE DE MATERNITÉ.

Tout en admirant Jaspin dans sa scène diplomatique avec madame de Maintenon, le lecteur se souvient peut-être involontairement que jamais la comtesse de Lavernie ne s'était confiée au digne homme spontanément ou par confession, ainsi qu'il l'a déclaré à la marquise. On pourra donc accuser Jaspin de mensonge ou l'auteur d'inadvertance. Jaspin a bien un peu menti —voyons s'il pouvait faire autrement. — L'auteur est logique, prouvons-le :

Précepteur sans condition, Jaspin rencontre, en 1660, par les chemins, une servante sans sa maîtresse. C'était à la porte d'une église de campagne. Un paysan, nommé Desbuttes, cherchait à faire baptiser son neveu, un enfant de sept ans, orphelin, dont personne ne se souciait de répondre dans le village à cause de la mauvaise réputation de son père.

Jaspin et Nanon — Nanon était cette servante — regardaient le vilain enfant qui pleurait de honte. Jaspin, charitable, s'avance et lui tend une main ; Nanon, souriant à Jaspin, prend l'autre patte du petit drôle, qui devait être le fameux Desbuttes de notre histoire.

Le paysan conduit le parrain et la marraine à l'église ; le baptême se fait. Au retour, le paysan offre une galette et un verre de vin blanc. Jaspin et Nanon continuent leur route, laissant-là ce chrétien de leur façon.

Jaspin en ce temps là était frais et rose, Nanon vive et sournoise, le diable vigilant comme aujourd'hui. Le compère et la commère voyagèrent ensemble trois jours, dépensèrent en ces trois jours trois écus que possédait Jaspin ; ils dépensèrent de plus deux écus que possédait Nanon et alors s'interrogèrent.

Jaspin montra sa bourse vide... Nanon la sienne. Il fallait donc se séparer.

— Bah ! s'écria l'abbé ; marchons toujours, nous travaillerons un peu chemin faisant, et cela nous permettra de rester plus longtemps ensemble.

— Non pas, dit Nanon, je ne puis aller plus loin. Me voici arrivée précisément dans la ville où ma maîtresse m'a ordonné de l'attendre, et il faut que je l'attende, car si elle ne me trouvait point, elle croirait ou que je l'ai abandonnée parce qu'elle est pauvre, ce dont je suis incapable, ou que je l'ai suivie pour épier ses secrets, ce qui est inutile, puisque je les sais.

— Ah! vous attendez ici votre maîtresse? dit Jaspin.

— Une femme d'un fier esprit!

— Qui s'appelle...?

— Vous êtes curieux, compère, mais

tout vous est permis. Elle s'appelle madame Scarron.

— Femme du cul-de-jatte?

— Précisément.

— Et qui a des secrets?

—Elle me fait l'effet de n'en avoir qu'un, mais je le crois bon.

Et Nanon conta, en ricanant, le secret à l'oreille de Jaspin qui rougit. Il était alors sans conséquence ce secret, comme Jaspin, comme Nanon, comme madame Scarron elle-même, et cependant Jaspin reprocha l'indiscrétion à sa commère.

—Bah! répliqua Nanon, je ne suis pas indiscrète puisque ma maîtresse ne m'a rien confié, puisqu'elle se cache de moi, et qu'elle voyage ainsi sans moi ; et, d'ailleurs, je me trompe peut-être ; j'ai peut-être soupçonné plus qu'il n'y a.

—Pourquoi, en effet, dit le bon Jaspin, ne pas croire plutôt à ce qu'elle vous a dit? Vous a-t-elle donné une raison pour s'être ainsi séparée de vous en ce voyage?

— Oui, l'économie. Elle va, dit-elle, emprunter de l'argent à une ancienne amie en province, et pour payer moins cher sur sa route, elle veut se montrer sans servante.

— Eh bien, voilà une excellente raison, Nanon : je m'en contenterais, à votre place.

— Alors, pourquoi me fait-elle venir jusqu'ici pour l'attendre et la ramener? il lui eût coûté moins cher encore de me laisser à Paris.

— L'orgueil, Nanon! Les amis de Paris ne doivent pas soupçonner notre misère, et pour rentrer à Paris, il faut avoir auprès de soi sa mie. Croyez-moi, commère, prenez l'habitude, en ce monde, de toujours voir les choses par le bon côté. Mais, assez de morale. Puisqu'il faut que nous nous disions adieu, séparons-nous sur un bon souvenir.

Les deux amis se séparèrent en effet enchantés l'un de l'autre, et portant plus légèrement leur péché que leurs regrets.

— C'était, se dit Jaspin, une bonne fille que je ne reverrai jamais.

— C'était un gentil garçon, pensait Nanon; il est mort pour moi.

Et voilà comment l'abbé possédait la

première partie indéchiffrable encore de ce secret. Mais lorsqu'arrivé par hasard à Lavernie, et rôdant autour du parc, il surprit le colloque mystérieux de la comtesse et d'une inconnue qu'elle appelait *Françoise*, lorsque le soir, errant en proie à ses inquiétudes sur la santé de sa future protectrice, il entendit sortir du pavillon du parc l'inévitable gémissement qu'arracherait au marbre cette douleur sans nom; lorsqu'enfin, plus tard, du fond d'un massif, il vit une femme effarée qui portait un fardeau sur ses bras, entrer chez la comtesse, l'embrasser, puis s'enfuir par les allées sombres et gagner la grille des bois, Jaspin passa des soupçons à une demicertitude, qui devint complète la première fois qu'il entendit chez la comtesse prononcer le nom de madame Scarron, et parler d'elle en des termes qui révélaient une ancienne amitié.

Ainsi, la comtesse de Lavernie ne s'en cachait pas, madame Scarron était une ancienne amie. Ainsi, madame Scarron s'appelait Françoise, madame Scarron voyageait seule en août 1660, dans le canton puisqu'elle avait ordonné à sa servante de l'attendre aux alentours. Que si elle semblait avoir manqué de prudence en tenant si près d'elle Nanon, dont pourtant elle se cachait, rien n'était plus prudent, au contraire, car il fallait des soins, un appui, un bras à cette femme dans sa convalescence, et pour son retour, ou même pour l'enfant, si madame de Lavernie n'eût pas réalisé ce qu'osait espérer d'elle madame Scarron. Et plus tard encore, lorsque Jaspin sentit une nuance dans les soins de la comtesse pour ses deux jumeaux, lorsqu'il retrouva cette nuance dans l'amour paternel du comte, auquel assurément l'honnête femme avait dû confier la vérité; lorsque l'abbé, entre ses deux disciples reçut l'ordre d'appeler l'un Lavernie, tandis que l'autre s'appelait seulement Gérard: n'était-ce point plus qu'il n'en fallait à ce timide observateur pour compléter le secret si étrangement révélé par Nanon ?

A partir de là, quoi de plus simple à deviner? Le fils de la comtesse mort, M. de Lavernie tué à Maëstricht, fallait-il rendre Gérard à sa véritable mère et demeurer seule en ce monde? Madame de Lavernie s'aperçut qu'elle aimait avec idolâtrie cet enfant qui n'était pas le sien ; elle en fit toute sa joie ; elle donna pour lui sa vie. Jaspin trouva cela si naturel qu'il eût conseillé à la comtesse de le faire.

Quant au secret que garda toujours la

comtesse sur cette adoption de Gérard, impossible de l'éviter : pour s'assurer l'entière propriété de ce fils adoptif, madame de Lavernie avait un jour écrit sa mort à madame Scarron. L'abbé avait vu la lettre ainsi conçue :

« Vous apprendrez avec douleur, madame et amie, la perte douloureuse que je viens de faire du second de mes fils. Je suis assurée que malgré les soins importants qui vous occupent et la haute fortune où vous marchez, vous aurez conservé un souvenir de cet enfant qui vous intéressait en votre qualité d'amie de ma famille. Et maintenant, madame, pardonnez-moi d'avoir jeté cette goutte d'absinthe dans le calice de votre prospérité. Oubliez! Que rien n'altère plus désormais la sérénité de vos jours, C'est le souhait de votre constante amie. »

Henriette, comtesse de Lavernie.

Jaspin savait qu'au reçu de cette lettre madame de Maintenon avait envoyé avec son portrait une réponse remplie de tendresse — tout cela était-il assez clair pour lui ?

Pour madame de Maintenon, pour son silence pendant les premières années de l'enfant, pour son absolue renonciation à ses droits de mère, pouvait-il en être autrement ?

Gérard, une fois inscrit au livre de famille des Lavernie, n'en pouvait être rayé que par une barre de bâtardise, et c'était le déshonneur de cette amie si dévouée, dont la complaisance eût été appelée crime. Françoise d'Aubigné avait renoncé à son fils par orgueil, soit! mais l'orgueil ne défait pas ce qu'il a fait. Nul, excepté Dieu, ne devait savoir si cette femme souffrait et regrettait son fils! Et quand les remords lui seraient venus, qu'eût-elle fait, puisqu'elle devait croire à la mort de ce malheureux enfant?

Il resterait à expliquer l'effroi de Nanon en retrouvant Jaspin. La chose est faite. Jaspin, pour cette béate, c'était une apparition du diable; un mot de Jaspin pouvait faire crouler cet édifice de pruderie laborieusement construit par trente années. Un mot de Jaspin perdait Nanon près de la marquise, car celle-ci, au cas où elle eût pardonné un péché à sa mie, ne lui eût pardonné jamais une trahison. Et au lieu d'un mot, l'abbé en eût crié cinquante, si Nanon eût persisté à ne le pas reconnaître et à lui refuser la porte de sa maîtresse. Elle avait donc plié, gémi, et obéi à Jaspin, c'est-à-dire au diable.

Après cela, Jaspin eût-il été honnête homme en révélant à la marquise la source première du fameux secret?... N'eût-il pas été odieux en accusant sa commère? Madame de Maintenon n'eût-elle pas lutté contre un malheur qui lui venait de Nanon, tandis qu'elle n'avait qu'à courber la tête sous l'aveu fait par la comtesse de Lavernie à son confesseur.

Assurément, Jaspin fit bien de mentir,

et après toutes ces explications, nous espérons que ce péché nouveau lui sera pardonné. Quant à nous, notre absolution est prête.

Celà bien entendu, laissons Jaspin courir à la forteresse d'après l'ordre de madame de Maintenon, et revenons à Louvois, que nous avons laissé commentant, avec bien des perplexités, ce mot énorme : « Les secrets de madame de Maintenon !

Louvois était resté, après le départ de Jaspin, dans un état plus facile à comprendre qu'à décrire. Cet esprit absolu, habitué à la soumission de tout ce qui l'entourait, ce tyran des maréchaux, des princes et des rois, ne pouvait se résoudre à trembler devant un petit abbé de de village, et cependant il y avait de quoi trembler.

Toutefois, comme dans les plus complets malheurs un homme fort trouve toujours son bénéfice, Louvois se consolait avec l'idée que madame de Maintenon avait des secrets... secrets désavantageux pour elle, évidemment, se disait Louvois, sans quoi elle ne les laisserait point à l'état de secrets.

D'après ce que venait de dire Jaspin,

le pivot de ces secrets était Gérard de Lavernie.

— Si vous touchez à un cheveu de ce jeune homme, s'était écrié l'abbé, madame de Maintenon fera rouler votre tête sur un échafaud.

Louvois n'avait pas peur de cet échafaud, mais il se demandait s'il n'y aurait pas un moyen de forcer la marquise à se découvrir tandis qu'il était lui-même bien à l'abri, bien irréprochable, derrière la garantie des lois militaires et d'un arrêt prononcé par M. du Maine.

Du Jaspin était dans son bon sens, et

alors il y avait secret — on verrait à s'en rendre maître, — ou Jaspin était fou, et alors madame de Maintenon laisserait passer la justice de M. de Louvois.

Voilà quelles furent les réflexions de Louvois, pendant les premières minutes qui s'écoulèrent après la fuite de Jaspin.

Puis, reconforté, fixé, il envoya un espion sur les traces de l'abbé.

Cet homme vit l'abbé courir derrière les carrosses, se présenter dans l'Hôtel-de-Ville aussitôt qu'il y eut vu entrer madame de Maintenon ; un quart-d'heure se passa, Jaspin ne fut pas chassé: il avait donc été reçu. L'espion revint en rendre compte à Louvois.

— Ce Jaspin n'est pas fou, pensa le ministre. Il y a un secret: comment fait-on pour chasser d'un mortier la bombe qui s'y cache? on met le feu aux poudres. Allumons les nôtres !

Et tout aussitôt Louvois appela le prévôt, les archers, ordonna qu'on lût à Gérard la sentence du conseil de guerre, assuré que ce bruit et ce mouvement provoqueraient mouvement et bruit de la part de madame de Maintenon.

Ces sortes de cérémonies se font avec un lugubre appareil. Gérard se promenait dans la salle qu'on lui avait donnée pour prison, lorsqu'il vit entrer un greffier, un capitaine avec son escouade d'archers, puis le prévôt, et, derrière, dans un groupe de laides figures, une plus laide et plus sombre qui éveilla en lui un frisson de dégoût, car il était inaccessible en ce moment à la peur.

Le greffier lut le jugement et l'arrêt rédigés en bonne forme. Il y était dit que le lieutenant de dragons Gérard de Lavernie, gentilhomme, ayant forcé les arrêts qui lui avaient été imposés, ayant gravement offensé des religieuses, et insulté un ministre du roi dans l'exercice de ses fonctions, le dit Gérard de Lavernie, convaincu des crimes d'indiscipline, d'insubordination et de sacrilége, était à ce triple chef condamné à la peine de mort.

Gérard était adossé au mur de son cachot quand cette lecture lui fut faite. Le rayon d'un jour vif descendait sur son visage par une fenêtre oblique. Une légère rougeur parut sur ses joues quand il entendit déclarer qu'il avait offensé des religieuses : ses lèvres s'ouvraient pour laisser échapper une protestation ; mais son regard n'ayant rencontré dans la salle aucune figure qui lui parût digne de recevoir cette protestation, Gérard se tut, redevint pâle et attendit la fin.

Le greffier ajouta que l'exécution aurait lieu sur l'Esplanade, — par les armes ou par la hache, au choix du condamné.

— Quand ? demanda Gérard.

— Cejourd'hui, continua le greffier lisant son rôle, dans les cinq heures à partir du prononcé des présents jugement et arrêt.

Gérard tira une petite montre qui lui venait de la comtesse de Lavernie.

—-On a perdu deux heures, dit-il, c'est fâcheux ; peut-être avais-je le droit d'être prévenu tout de suite ; deux heures sur cinq, en pareille circonstance, cela compte !

Le prévôt s'approcha poliment :

— Le choix de monsieur ; demanda-t-il.

—Ah ! oui... mon choix... Eh bien, mais, comme il vous plaira... Attendez, je préfère les armes.

Le prévôt s'inclina ; le greffier écrivit ce que venait de dire le condamné.

Alors le capitaine des archers s'approchant à son tour, demanda si Gérard souhaitait quelque chose.

— Oui, répliqua celui-ci, je voudrais embrasser M. de Rubantel, s'il est encore à Valenciennes, et puis je voudrais qu'on s'informât si un ecclésiastique de mes amis n'est point arrivé ; qu'on le cherche, il doit être quelque part aux abords de cette forteresse. Il s'appelle l'abbé Jaspin.

— Me voici, répondit à ce nom l'abbé lui-même qui revenait de chez madame de Maintenon, et que Louvois s'était bien gardé de consigner à la porte.

Louvois guettait son retour derrière

une fenêtre et cherchait à deviner sur sa physionomie le résultat de l'entrevue.

Mais Jaspin, depuis le matin, était trop souvent et trop cruellement éprouvé pour n'avoir point contracté la rigidité du marbre. Le digne homme avait trop pleuré, il ne pleurait plus même de joie. Et puis, son immense bonheur l'étouffait : les grandes peines sont muettes, les grandes joies sont graves.

Louvois crut donc lire sur le visage de Jaspin quelque chose comme une défection de la marquise, et il en fut désolé, car il tenait bien moins à faire périr Gérard qu'à se faire implorer par madame de Maintenon, et à pénétrer ainsi dans ses pensées.

Jaspin, après avoir répondu : Me voici ! se trouva étreint dans les bras de Gérard, qui s'élança vers lui avec un cri joyeux.

Le bonhomme suffoquait. Les témoins de cette scène attendrissante reculèrent jusqu'au seuil de la chambre. Jaspin ne pouvait pas proférer une parole. Gérard attribua son émotion à la nouvelle qui les intéressait si vivement tous deux.

— Que voulez-vous, mon bon ami, dit-il, je dois me trouver encore bien heureux de vous avoir en ce moment.

— Renvoyez tous ces gens, murmura Jaspin.

— Volontiers. Messieurs, si vous n'avez rien à faire de plus, comme je le suppose, n'oubliez pas qu'il me reste encore deux heures trois quarts, et que j'ai besoin de n'en rien perdre. Monsieur l'abbé est mon confesseur, et tout mon temps lui appartient.

La salle resta vide. Les archers s'établirent au dehors. Le prévôt et cette vilaine figure dont nous avons parlé se querellèrent un peu tout bas et disparurent dans l'escalier. Le choix de Gérard avait favorisé le prévôt qui était le mousquet, aux dépens de l'autre sinistre visage qui était la hache.

Les deux amis restèrent seuls. Jaspin commença l'entretien par un long baiser suivi de ces mots entrecoupés de gémissements.

— Vous ne mourrez pas.

— Allons, allons, dit Gérard souriant avec douceur, je vous ai mandé pour m'exhorter, mon bon ami, s'il faut que ce soit moi qui vous exhorte...

— Je vous dit que vous êtes sauvé.

— Ah ! répéta Gérard, pas d'inutilités. Je suis dans le fort. Je suis condamné, je suis sous la main de Louvois. Cette main mettra deux heures trente-trois minutes à me prendre, mais je suis bien pris, ne nous faisons pas d'illusions et causons en hommes. — Comment Belair a-t-il pris la nouvelle? Courageusement, n'est-ce pas, et noblement? j'en étais sûr. Son absence me prouve qu'il est digne de mon amitié et de ma confiance.

— Mais, s'écria Jaspin, avez-vous donc à ce point la rage de mourir que vous vous refusiez à m'écouter et à me comprendre? Je vous dis que vous ne mourrez pas, et que vous êtes sauvé, je vous dis...

Il n'eût pas le temps d'achever. La porte s'ouvrit tout-à-coup. Le groupe d'archers qui veillaient au-dehors se sépara militairement en deux files qui formèrent la haie sur l'escalier.

On vit monter le même capitaine, le même greffier, le même prévôt. Seulement, derrière eux, à la place de ce lugubre personnage expulsé par le choix de Gérard, venait M. de Villemur, commandant des gendarmes, et de service ce jour-là près du roi.

Plus loin, un groupe nombreux d'officiers au visage animé, aux gestes vifs, parmi lesquels, si Gérard eût pu regarder et voir, il eût distingué plus d'un visage de connaissance.

M. de Villemur s'approcha, et, après avoir salué courtoisement Gérard qui s'inclina devant lui avec le respect dû à un supérieur, il déploya une large lettre et lut:

« Nous, Louis, roi de France et de Navarre, sur la requête de notre aimé Louis Auguste de Bourbon, duc du Maine, faisons grâce pleine et entière au sieur Gérard comte de Lavernie, condamné à la peine de mort, et ordonnons qu'il soit immédiatement mis en liberté, car tel est notre bon plaisir.

» De Valenciennes, ce 12 mars 1691.

» Signé: Louis. »

Gérard chancela, la joie de vivre

inonda son cœur, il fut contraint de s'appuyer sur l'épaule de Jaspin. Mais aussitôt M. de Rubantel et dix autres officiers l'emportèrent pour ainsi dire en l'embrassant.

M. de Villemur replia sa lettre, qu'il donna au capitaine des archers, salua encore et partit avec sa suite.

Jaspin seul, parmi tous ces hommes, trouva un sourire et pas une larme.

Lorsque la troupe joyeuse emmena le prisonnier pour lui faire respirer au plus vite l'air libre et la vie, on aperçut dans la cour, sur un degré, Louvois pâle et consterné, qui causait avec M. le duc du Maine un peu embarrassé près de lui.

—Voilà monseigneur le duc du Maine! s'écria Rubantel en poussant Gérard de ce côté; vous ne pouvez, mon cher, passer près de lui sans le remercier. Jour de Dieu! les princes sont bons à quelque chose.

Et, se détournant:

— Même bâtards! acheva-t-il entre ses dents.

Gérard alla où le flot le poussait. Assurément il n'avait pas l'idée d'insulter à son ennemi vaincu. A l'approche de cette foule, le duc du Maine se retourna. Louvois resta sur les marches, le regard assuré, les bras croisés sur la poitrine.

Gérard passa devant lui sans le regarder, et d'une voix émue dit au jeune prince :

—Je vous dois la vie, monseigneur, et je vous jure que cette vie continuera d'être, comme elle l'était, toute dévouée au roi et à mon bienfaiteur — je n'avais pas encore mérité vos bontés, bientôt, je m'en rendrai tout à fait digne.

Le prince salua légèrement sans répondre, et de tous ces empressés ne remarqua que Jaspin que son regard alla chercher à l'écart et auquel il fit un grand salut.

Jaspin, lui, qui était bon chrétien, et pratiquait l'oubli des injures, paya Louvois d'une révérence d'autant plus terrible qu'elle était moins ironique, après quoi il passa comme les autres.

— Ah! monseigneur, s'écria Louvois écrasé par ce dernier coup, voilà réellement la fable de La Fontaine ; j'ai reçu le coup pied de l'âne !... Suis-je donc assez en disgrâce pour que vous ayez servi mes ennemis lorsqu'ils m'infligent un pareil affront?

— Monsieur, repartit le prince avec douceur, excusez-moi, j'ai besoin de me rendre populaire.

— Monseigneur, vous perdez les armées du roi ! et je vous préviens que je compte le lui dire... ce soir même.

— Comme il vous plaira, dit M. du Maine en tournant sur sa jambe boîteuse, et il quitta le ministre exaspéré.

Celui-ci pouvait encore entendre sur

l'Esplanade s'éloigner les voix joyeuses de tous ses officiers qui fêtaient leur camarade ressuscité à la place même où il devait mourir.

Mais tout-à-coup, il vit revenir Jaspin qui ne les avait point accompagnés au dîner que M. de Rubantel donnait à Gérard. Le digne abbé s'était chargé d'écrire à Houdarde, il avait son courrier, le sénéchal encore botté, qui attendait. Et puis il avait madame de Maintenon qui l'attendait aussi. Tant d'affaires, mêlées à tant de joie, gonflent bien quelque peu un pauvre homme.

Louvois était à peine rentré chez lui

avec le désir de faire tenailler ce Jaspin pour lui arracher les secrets du ventre, que son espion arriva. Louvois ne se rappelait même plus qu'il eût attaché ce moucheron à l'abbé.

— Monseigneur, dit l'espion, cet abbé vient de remettre une lettre à un homme vêtu de noir et botté — une manière d'officier de campagne — qui a monté aussitôt à cheval.

Louvois dressa l'oreille.

— Ce Jaspin, pensa-t-il, n'est pas un aigle. Il n'a rien voulu me dire, mais il aura bien un peu écrit.

— Il faut m'avoir cette lettre, ajouta le ministre brusquement.

L'espion s'inclina et sortit.

— Il est clair, continua Louvois dont la colère et l'inquiétude s'excitaient l'une l'autre, que la marquise s'est servie du duc du Maine pour ne rien me demander elle-même; je ne suis pas sa dupe, et nous allons voir au plus vite à quel point le roi est complice ou dupe de tout ceci.

Et, s'étant fait ajuster, il prépara le travail que, suivant l'habitude, il devait soumettre au roi l'après-dîner.

VIII

LE ROI JASPIN.

Cependant Jaspin, libre de tout souci, s'acheminait au rendez-vous donné par la marquise.

Plus de Nanon, cette fois. Elle s'était

cachée, elle voulait examiner de loin les projets de cet intrus qui, du premier bond, pénétrait dans l'intimité des gens jusqu'au point d'obtenir deux audiences dans une même journée.

La marquise, revenue du saisissement que lui avaient causé les confidences de l'abbé, voulut aussi juger cet homme. Etait-il à craindre ? serait-il accessible à de mauvais sentiments ? Abuserait-il de sa victoire ? Pauvre Jaspin ! que cet examen eût été dangereux pour lui, si la marquise, habituée à juger les âmes, n'eût pas reconnu tout d'abord le parfum de cette simplesse et de cette bonté !

Lorsqu'avec son habileté ordinaire elle eut enfermé dans son réseau ce brave papillon qui se laissa faire, lorsqu'elle l'eut examiné et analysé à son loisir, dans tous les sens, désormais affranchie de ses inquiétudes, elle se mit à causer avec Jaspin, ou plutôt le fit causer comme on lit dans un vieux livre.

Jaspin débuta par une phrase que plus d'un courtisan lui eût enviée, et qui s'exhalait seulement de son cœur. Il est vrai qu'il tient bien de l'esprit dans un cœur profond !

— Madame, dit-il tout bas, merci pour M. de Lavernie, il est sauvé ! A présent qu'il a une protectrice comme vous, je ne m'occupe plus de savoir s'il a perdu sa mère.

La marquise s'étant fait raconter la vie de ces deux enfants, celle de leur mère, demanda comment la comtesse était morte si jeune.

Ici l'abbé sentit qu'il touchait à de bien graves intérêts. Il raconta naïvement, sans accuser, sans ménager, la scène qui s'était passée au château entre Louvois et la comtesse.

Au nom de Louvois, la marquise dressa l'oreille comme au son de la trompette le coursier qui désire la guerre, et pendant tout le récit de Jaspin, elle savoura lentement le terrible plaisir d'amasser des raisons nouvelles pour haïr et des moyens puissants pour se venger.

Jaspin n'omit rien. Les amours si pures et si malheureuses de Gérard et de mademoiselle de Savières passèrent à leur tour dans ce défilé d'images gracieuses et de tableaux sombres. Après, vinrent le dévouement de Belair, son duel avec La Goberge, sa vie errante et ses chansons; mais la figure touchante d'Antoinette avait surtout vivement frappé la marquise. Elle insista longtemps pour se faire donner par Jaspin les plus minutieux renseignements sur cette jeune fille et sur l'intérêt étrange que prenait à elle le marquis de Louvois.

— Que cela est singulier, lui échappa-t-il de dire, j'aime tous ces gens-là, et M. de Louvois les hait ; il les persécute, je les protége. Est-ce donc là le terrain sur lequel nous lutterons ?...

Et elle acheva sa pensée par un sourire qui signifiait : on verra.

Madame de Maintenon paraissait fort inquiète de cette accusation de sacrilège portée par le ministre contre Gérard.

— Comment un jeune homme de cette

race, dit-elle, peut-il avoir offensé des religieuses !

Jaspin à qui Gérard venait de raconter l'apparition d'Antoinette parmi les Augustines fugitives eut bientôt détourné les fâcheuses idées de la marquise.

Elle comprit pourquoi le jeune homme s'était ainsi précipité vers le chariot, et après avoir rêvé quelques instants, prit son crayon et écrivit sur ses tablettes :

« Savoir où sont allées les Augustines. »

Puis elle se leva, indiquant ainsi à Jaspin que son audience était terminée.

L'abbé salua comme il eût salué une reine.

— Soyez avec moi, dit la marquise, comme vous étiez avec madame de Lavernie.

Jaspin sans hésiter s'approcha, prit dans ses deux mains la belle main de sa protectrice, et y appliqua deux baisers, un du cœur, un de l'âme.

— Allez, monsieur, dit la marquise avec un charmant sourire, et sachez que vous m'avez pour amie.

— Que de bonté, madame !

La marquise arrêta Jaspin :

— Encore un mot : il serait convenable que M. de Lavernie remerciât le roi de la grâce qu'il vient d'obtenir, mais...

— Je vais le chercher ! s'écria impétueusement le bonhomme.

— Non, il faut que je le voie d'abord ; montrez-moi encore son portrait...

— Le voici, madame.

— Est-ce ressemblant ?

— Frappant.

— Trop, murmura la marquise en fronçant le sourcil; puis s'adressant à Jaspin d'un ton bref :

— Inutile d'y penser en ce moment,

ajouta-t-elle, M. de Louvois pourrait se trouver ici, et je ne veux pas qu'il me voie en présence de ce jeune homme devant Sa Majesté. Seulement, imaginez un moyen de me montrer, à moi, M. de Lavernie.

L'abbé se mit à chercher de toutes ses forces, et tout-à-coup :

— Avez-vous bonne vue, madame ? s'écria-t-il : le voici qui revient de dîner avec ses camarades, il salue un officier là, près du grand vestibule.

La marquise courut à la fenêtre, se cacha derrière un rideau et regarda.

Gérard était là, en effet, dans la cour,

la tête nue, le chapeau à la main, faisant ses remerciments à M. de Villemur, qu'il venait de rencontrer. Ses beaux cheveux noirs ombrageaient son mâle visage : tout en lui respirait la force, et la fraîcheur du corps et de l'esprit.

Jaspin, qui s'était reculé par respect, observa du coin de l'œil la physionomie de la marquise. Celle-ci plongeait dans ce groupe un regard chargé de tous ses souvenirs, de toutes ses craintes. Son sourcil noir, qui s'était froncé d'abord, se détendit peu à peu ; une rougeur juvénile envahit ses joues, le sang impétueux de son printemps fit haleter son sein à chaque battement de son cœur.

Gérard passa, elle regardait encore.

Enfin, laissant tomber le rideau, rêveuse et attendrie :

— Vous avez raison, dit-elle, il ne ressemble point à madame de Lavernie.

Et elle se détourna pour cacher son trouble à l'abbé qui pourtant ne la regardait plus.

Soudain Nanon heurtant à la porte :

— Madame, dit-elle, le roi descend par le petit dégré. M. de Louvois monte par le grand.

Jaspin fit deux bonds comme une souris surprise.

La marquise froidement leva une tapisserie, ouvrit la porte d'un cabinet voisin et y fit entrer Jaspin, sans secousse, sans hâte.

— L'escalier de service est au bout, dit-elle, adieu et au revoir !

La tapisserie baissée frémissait encore lorsque le roi entra, et, une minute après, Louvois se fit annoncer.

Mais, lorsqu'il parut, son portefeuille sous le bras, la *mécanique* de madame de Maintenon était déjà toute montée. C'est Saint-Simon qui appelle ainsi les habitudes et la vie intérieure de la marquise, nous nous garderions bien de prendre une autre expression.

La marquise était placée devant sa pepetite table adossée à son lit, au coin du feu, le nez sur un ouvrage de tapisserie qu'elle achevait. Le roi, assis de l'autre côté de la cheminée, avait aussi devant lui une table, et un tabouret attendait le ministre au coin de cette seconde table entre le roi et madame de Maintenon.

Louvois s'était armé de froideur pour faire une entrée convenable et observer un peu les visages.

Au salut respectueux qu'il fit à Sa Majesté, le roi répondit par un salut de la tête. A la révérence profonde qu'il fit à madame de Maintenon, la marquise répondit par une imperceptible inflexion des paupières, et son aiguillée de laine continua de se développer.

— Eh bien! Louvois, marchons-nous? se hâta de dire le roi qui sentait bien que sous ces deux tranquillités affectées il y avait un orage.

— Sire, répondit le ministre en s'asseyant sur le tabouret et en tirant les papiers du portefeuille, le dernier corps va partir sous une heure. Je reçois de Mons une dépêche qui m'apprend que l'investissement de la place est achevé.

Toutes les minutions et provisions arrivent. Les pionniers affluent; les lignes de circonvallation s'entament. M. de Boufflers a pris des positions qui empêchent déjà l'entrée dans la ville de tout secours des garnisons voisines. (1)

— Fort bien.

— Et nous pourrons partir d'ici....

— Demain, sire.

—A merveille. Vous avez parfaitement mené ce grand travail, Louvois.

---

(1) « Dans cette expédition, chef-d'œuvre de Louvois, telle fut la rapidité des préparatifs dit un historien, tel en fut le secret que l'Europe apprit la prise de Mons en même temps que son investissement » Le lecteur trouvera d'amples et intéressants détails sur le siège dans la suite du *Comte de Lavernie* que nous allons publier sous ce titre : *la Chûte de Satan*.

Note de l'Editeur.

— J'ai seulement assemblé des matériaux, dit le ministre, avec une modestie qui ne lui était pas habituelle en ses jours de bonne humeur. Votre majesté bâtira l'édifice.

— C'est-à-dire que je le détruirai, j'espère, répliqua le roi avec enjouement; oui, je détruirai ce boulevart des Impériaux et des Orangistes... Et vous aurez une bonne part de cette gloire, Louvois.
— N'est-ce pas, madame? ajouta le roi, non-seulement pour intéresser à la conversation cette intrépide Arachné, mais aussi pour soutirer un peu d'électricité, comme on dirait en physique.

La marquise fit au roi un geste d'assentiment qui ne dégonfla pas beaucoup le nuage.

Louvois sentit la résistance. Il n'était pas homme à se laisser braver longtemps. Depuis dix minutes, depuis dix siècles, il dévorait sa colère ; c'était beaucoup trop de patience pour cette âme sans frein. Pareil à ces loups furieux qui voient le fer et se jettent dessus pour le mordre, Louvois sentait bien que la marquise lui tendait un piége, mais il aimait mieux s'y jeter que de perdre une occasion d'exhaler sa bile.

Le roi, entre ces deux marteaux dressés et prêts à s'abattre sur l'enclume, essaya de détourner au moins un des coups.

— Travaillons, dit-il ; Louvois, faisons une belle et bonne armée qui montre au prince d'Orange et à l'empereur que nous sommes toujours leur maître.

Ah ! la mauvaise inspiration ! Quelle réplique Louis XIV jetait-il à Louvois ! Celui-ci n'eût pu se la choisir meilleure. Madame de Maintenon le devina bien et se pinça les lèvres. Secouant sa perruque noire et roulant ses gros yeux, Louvois répondit impétueusement :

— Ah! sire! nous aurons beau faire!

— Plaît-il? dit le roi, qui craignit d'avoir mal entendu. Vous dites que nous ne ferons pas une bonne armée?

— Sans discipline et sans respect des chefs, non, Sire, non.

— Eh! repartit le roi piqué, en comprenant parfaitement Louvois, mais sans le vouloir ménager, puisqu'il s'y prenait avec cette violence, qui vous parle de mettre dans notre armée l'indiscipline et l'irrévérence? Cela entre-t-il dans mes habitudes, Louvois.

— Dans les vôtres, Sire... oh, non !...

— Eh bien, alors, qui donc est le maître de jeter chez moi ce que je n'y mets point, continua Louis XIV avec cette sereine et imposante majesté qui terrifiait tout le monde excepté Louvois.

Cette interpellation était tellement directe que, malgré le danger d'une réponse, Louvois fut contraint de répondre.

Madame de Maintenon coupa tranquillement un bout de laine avec ses ciseaux, et commença une autre fleur dans son canevas.

— Sire, s'écria Louvois, je suis trop franc pour vous cacher que j'ai essuyé aujourd'hui le plus sensible affront et la plus profonde douleur que j'eusse jamais subis.

—Quoi donc? demanda le roi d'un ton presque affectueux.

Madame de Maintenon leva lentement la tête et considéra Louvois de l'air le plus naïf et le plus surpris.

—Sire, poursuivit le ministre emporté malgré lui, un officier de méchante réputation, un de ces mauvais garnements qui se croient tout permis parce qu'ils ont quelque appui en cour, a commis hier, à la face de l'armée, un grave délit contre la discipline et la religion.

— Oh! oh! fit le roi, en regardant du côté de la marquise, qui ne cessa pas de travailler.

—Je le répète et le maintiens, dit Louvois : attentat des plus graves. Je puis, je crois, donner ce nom à une insulte faite à de pauvres religieuses, à un outrage fait au ministre de la guerre. Eh bien, sire, ce coupable avait été livré par moi à un conseil de guerre, et bien justement condamné ; voilà que ce matin, sans me prévenir, sans me consulter, — ce n'est pas pour V. M. que je dis cela, V. M. est trop au-dessus de tous pour avoir besoin de consulter qui que ce soit ; mais je parle pour les imprudents qui ont sollicité de Votre Majesté une grâce si inopportune ; — ce matin, dis-je, on a arraché au roi l'ordre d'élargir cet homme, ce criminel, au scandale de toute l'armée ! Et cela un jour d'entrée en campagne, lorsque nous avons l'ennemi en face, quand le succès de l'entreprise dépend de la multiplication de toutes nos forces. — Sire, j'oublie un moment la mortification que j'ai essuyée pour ne parler que de votre intérêt et de votre gloire. Votre Majesté n'a besoin que de bons soldats aujourd'hui. Les mauvais gâtent les bons toujours, et celui-là ne peut être qu'un mauvais soldat qui n'a ni religion ni soumission. — Voilà pourquoi Votre Majesté n'avait aucun intérêt à conserver vivant l'homme dont je parle, et avait un intérêt immense à l'extirper de son armée comme une plante vénéneuse.

Le roi se tut un moment, après avoir écouté cette énergique mercuriale. Quant à la marquise, Louvois n'eût pas même la satisfaction de la voir émue. Ses doigts blancs tressaillirent à peine dans les moments difficiles et lorsque l'aiguillée était un peu longue.

— Ah ça, dit Louis XIV, c'est donc un bien mauvais sujet que ce...

—Lavernie, sire, dit brutalement Louvois.

— Il me semblait pourtant que Catinat me l'avait recommandé comme un brave, et qu'à Staffarde il s'était vaillamment conduit?

— Oh! sire, il est possible que M. Catinat vous ait recommandé ce Lavernie. Catinat, Catinat, mon Dieu! il est souvent homme... et indulgent pour ceux qui le sont.

—Non, répondit froidement Louis XIV, vous vous trompez, Louvois. M. de Catinat est homme moins souvent que nous le sommes tous... et jamais ses recommandations n'ont été complaisantes; mais enfin il pourrait s'être trompé.

Le roi s'interrompit pour interpeller encore une fois du regard la marquise de Maintenon. Mais, celle-ci assortissait des laines, elle ne voulut pas voir le coup-d'œil du roi.

— Enfin, s'écria Louvois, qui, pour pousser à bout cette patience désespérante, ne craignit pas même d'employer la calomnie, voilà deux fois que le hasard me fait rencontrer ce Lavernie, et deux fois je le prends en flagrant délit de sacrilége. Il a enlevé, il y a six mois, une religieuse.

— Vous l'affirmez ! s'écria le roi avec colère.

— Je l'affirme... dit Louvois.

— Si cela est, reprit le roi, pourquoi n'est-il pas puni ? Enfin, voilà de ces choses affreuses... n'est-ce pas, madame ?

La marquise fit un signe affirmatif très-marqué, mais sa physionomie resta calme et pas un mot ne sortit de sa bouche.

— Si cela était, dit le roi dompté par cette inaltérable sérénité de la marquise, on ne m'eût pas demandé la grâce de ce jeune homme. Marquis, vous avez été induit en erreur. Ce Lavernie n'a pas enlevé une religieuse...

Et le roi, inquiet de la colère de l'un et de la placidité de l'autre, interrogeait l'un et l'autre.

Louvois eut peur de s'enferrer.

— C'est lui ou un ami à lui, dit-il, qui a commis ce rapt. Un autre drôle...

— Si c'est un ami à lui, répliqua Louis soulagé, ce n'est pas lui. A-t-on puni ce ravisseur ?

— Il est mort.

— Dieu a fait justice, murmura le roi, n'y pensons plus.

— Mais pensons à la discipline, Sire, à la nécessité qui nous est imposée d'être sans miséricorde pour les infractions au service. Supprimons, supprimons les mauvais soldats !... et ce Lavernie en est un, je le répète, ajouta-t-il avec rage.

— Louvois, interrompit le roi, modérez-vous. Ce Lavernie avait pour père un des meilleurs serviteurs que j'aie jamais eu. Il a été tué sous mes yeux, à Maëstricht, après avoir fait des prodiges — avec Catinat, tenez. — C'est au père de votre Lavernie que j'avais confié le soin de faire démolir les fortifications d'Orange.—Quant à la mère... une sainte... une amie d'enfance de madame...

Et Louis montra de la main madame de Maintenon qui, cette fois, leva la tête et éblouit Louvois d'un coup d'œil limpide et net comme un éclair d'épée.

—Ah... balbutia le ministre... je comprends pourquoi madame aura demandé la grâce de ce jeune homme.

— Ce n'est pas madame la marquise, répliqua vivement le roi. Elle ignorait absolument que Lavernie fût condamné. Elle ne l'a su qu'après. C'est M. le duc du Maine qui m'est venu trouver, et qui m'a fait signer.

— M. le duc du Maine, dit Louvois en grinçant des dents, a pris là une terrible responsabilité.

— Vous comprenez, mon cher, répliqua sèchement le roi, que M. du Maine présidant pour la première fois un conseil de guerre, ne pouvait en cette occasion charger sa conscience de la mort d'un homme. Il est mon fils, et lorsqu'un fils de roi prononce sa première sentence de mort, cela équivaut pour le condamné à la rencontre qu'il ferait du carosse d'un roi sur le chemin du supplice.

Louvois enfonça ses ongles dans ses mains. En se choisissant un prince pour instrument de vengeance, il avait voulu la force et n'avait pas prévu la clémence.

Mais, pour ne pas pousser plus loin un débat dont le roi commençait à se fatiguer, pour ne pas non plus abandonner la partie à son ennemie, dont le triomphe muet le mettait au désespoir, Louvois, s'essuyant le visage et adoucissant sa voix :

— Sire, dit-il, Votre Majesté fait bien

tout ce qu'elle fait, et les sentiments de
M. le duc du Maine sont tout à fait chrétiens. Je fais donc bon marché de tout ce
qui me concerne en cette affaire, j'oublie
mon outrage, qu'il n'en soit plus question; mais je ne puis renoncer de même
aux grands principes de subordination
et de piété qui font la force de vos armées. Il ne faut pas, sire, que l'homme à
qui vous avez daigné sauver la vie affronte insolemment tous les regards et
se glorifie d'une grâce qui après tout est
une tache, puisqu'il n'y a pas de grâce
sans qu'il y ait eu menace de châtiment.
En un mot, je demande formellement à
Votre Majesté que M. de Lavernie soit
exilé — temporairement, si l'on veut, —

afin que sa présence ne soit plus un scandale et une pierre d'achoppement pour l'armée qui a été témoin de son crime.

A cette nouvelle attaque si rudement faite, le roi rougit; madame de Maintenon le regarda sans affectation, et inclina de nouveau la tête.

— Pardieu ! pensa Louvois charmé, il me semble que je les gêne !

— En tout ceci, reprit le roi, après un court silence, vous me paraissez exagéré, Louvois. Ne confondons jamais les fautes avec les crimes, et gardons-nous de décourager le repentir par nos implacables rancunes. J'ai pour cette occasion un système tout à fait opposé au vôtre, et cela est si vrai, que M. le duc du Maine m'ayant fait observer que M. de Lavernie, s'il n'entrait pas en campagne, serait réduit à retourner chez lui sous le poids d'une grâce infamante,—ainsi, que vous disiez,—que ce garçon avait du cœur, qu'il était capable d'en mourir, et que de cette façon je perdais un bon soldat : j'ai compris ce raisonnement et fait passer le comte de Lavernie des dragons où il était, aux chevau-légers, sous Rubantel, qui est un solide et pointilleux officier. Ainsi, Louvois, c'est à ma requête qu'il vous faut céder. Vous expédierez le brevet ce soir même à M. de Lavernie et il ira rejoindre aussitôt son corps devant Mons.

Le visage de Louvois, de rouge qu'il était d'abord, devint violet. Quand le roi eut fini de parler, il frappa du poing sur la table, et dans un transport de rage qui touchait au délire, il s'écria :

— Jamais ! jamais !

Le roi se leva ému, l'œil brillant. La marquise repoussa légèrement son fauteuil et regarda cette scène avec son calme exaspérant.

—Vous souffrez, monsieur de Louvois, dit le roi avec son grand air royal.

Le ministre revint à lui. Le sang redescendit au cœur.

—Oui, pardonnez-moi, sire, j'ai eu un éblouissement... j'ai tant travaillé toute cette nuit!... mes idées ne sont pas bien nettes... je souffre...

C'est ce que je me disais, repartit le

roi.—Eh bien, allez vous remettre, Louvois... je ferai expédier le brevet par quelqu'un de mes secrétaires.

—Oui, sire, bégaya Louvois, qui abrégea les saluts et partit la mort dans le cœur.

— Qu'il est colère ! dit le roi après son départ.

— Voyez donc, sire, repartit la marquise en élevant son canevas jusqu'aux yeux du roi, ma fleur de lys est achevée. J'ai bien travaillé, j'espère !

— Admirable ! marquise. Mais, dites-moi, malgré les accusations de Louvois, vous voyez que j'ai tenu ferme, et que je m'en suis rapporté uniquement à ce que m'a dit M. du Maine... Mais ce Lavernie est un bon sujet, n'est-ce pas? Vous vous portez caution pour lui !

— Sire, il est d'un sang qui ne peut mentir. Quant à la haine de M. de Louvois pour ce jeune homme, je vous l'expliquerai plus tard, et vous comprendrez.

— Il suffit, marquise. Oh ! regardez donc un peu Louvois traverser la cour ;

comme il va ?... Il s'arrête pour lire une dépêche qu'on lui remet. Eh ! vraiment, il se cabre. Qui aperçoit-il là, bon Dieu ! Un abbé... deux hommes qui s'embrassent... un petit chien aboie après lui... Ah ! Louvois prend le mors aux dents !

Et le roi se mit à sourire, car il ne riait jamais. Quant à Louvois, il ne riait guère, son espion avait couru après le sénéchal et lui avait arraché la lettre de Jaspin à Belair ; puis, l'ayant rapportée, il attendait que le ministre revînt de chez le roi pour la lui remettre.

Cependant, le sénéchal effaré s'était

mis à galoper vers Houdarde et avait rencontré, à cent toises de Valenciennes, Belair et Violette amenés là par l'inquiétude et le désir d'avoir plus tôt des nouvelles. Desbuttes les suivait de loin, tremblant aussi, mais pour d'autres motifs. Le sénéchal leur avait conté la violence dont il venait d'être l'objet. Belair ne s'était plus laissé retenir, il avait couru désespéré à Valenciennes. C'était alors que Louvois, sortant de chez le roi, avait trouvé l'espion qui l'attendait avec la lettre.

— Une lettre de Jaspin à ce Belair qui est mort! s'écria Louvois. Est-ce un rêve!

Non, ce scélérat de La Goberge m'aura menti. Cependant, son assurance, les détails qu'il m'a donnés? Oh! je vais l'envoyer chercher par Séron, il faudra bien qu'il me prouve ses deux coups d'épée et la chute de sa grosse pierre.

Tout-à-coup Belair, débouchant sur la place, avait aperçu Gérard et Jaspin causant ensemble de leur bonheur ; il avait poussé un cri et s'était jeté dans les bras de son ami.

Ce cri avait réveillé Louvois, qui voyait devant lui vivant et mieux groupé que jamais ce trio d'hommes dont il croyait, une demi-heure avant, être délivré pour toujours.

Amour, comme s'il eu reconnu un ennemi, jappait furieusement aux jambes du ministre, et ce dernier, selon l'expression du roi, prit le mors aux dents en s'écriant :

—C'est à en devenir fou !

Le bruit de sa course et de son exclamation firent tourner la tête aux trois amis. Belair, épouvanté, se serrant contre Gérard, murmura :

— Louvois ! je suis perdu.

— Oui, dit Gérard, mettons-nous en sûreté le plus possible.

— Perdu ? répliqua Jaspin d'un air de protection ; ne suis-je pas là ?

Et prenant sous le bras ses protégés, il les promena tranquillement par la place.

— Ah ça, mais, se dirent les deux jeunes gens émerveillés, qu'est-ce donc que ce Jaspin ?

Soudain Manceau s'approchant de Gérard lui remit une large enveloppe à son adresse. Gérard, au premier coup-d'œil, poussa un cri de joie et devint pâle. C'était le brevet de lieutenant aux chevau-légers—une fortune.

Involontairement il leva la tête, comme on fait pour remercier Dieu d'un grand bonheur. Une ombre s'effaça aussitôt d'une des fenêtres qui regardaient sur cette cour.

— A qui dois-je ce nouveau bienfait? s'écria Gérard.

—Encore à votre mère, répliqua l'abbé d'une voix attendrie. Elle veille sur vous de là haut, M. Gérard.

Gérard plia le genou et baisa le précieux brevet.

— C'est égal, dit Belair, qui avait épié du regard le triomphant Jaspin, je commence à croire que le roi de France ne s'appelle pas Louis XIV.

— Comment donc s'appelle-t-il, répliqua vivement l'abbé inquiet, parce qu'il crut qu'on faisait allusion au pouvoir de la marquise.

— Il s'appelle Jaspin 1er, dit Belair en embrassant joyeusement le brave homme.

Jaspin ne s'offensa pas de la supposition.

FIN DU COMTE DE LAVERNIE.

TABLE

DES CHAPITRES DU QUATRIÈME VOLUME

I. — Heur et Malheur (suite)............... 4
II. — Le Lendemain.................... 14
III. — La Conscience et l'Orgueil......... 64
IV. — Un Agneau enragé............... 99
V. — Utilité d'un Péché de jeunesse...... 157
VI. — Les Secrets de madame de Maintenon. 171
VII. — Premier acte de maternité......... 229
VIII. — Le Roi Jaspin.................. 275

Melun. — Imprimerie de DESRUES.

SUITE DES NOUVEAUTÉS EN VENTE.

                                                                                Fr. C.

Les Coureurs d'aventures, par G. DE LA LANDELLE. 3 vol. in-8, affiche à gravure, net :   13 50
Le Maître inconnu, par PAUL DE MUSSET. 3 vol. in-8, net : 13 50
L'Épée du Commandeur, par X. DE MONTÉPIN. 3 vol. in-8. 13 50
La Nuit des Vengeurs, par le marquis de FOUDRAS. 4 vol. in-8, net :   18 »
La Reine de Saba, par XAVIER DE MONTÉPIN. 3 vol. in-8, affiche à gravure, net :   13 50
La Juive au Vatican, par MÉRY. 3 vol. in-8, net :   13 50
Le Sceptre de Roseau, par ÉMILE SOUVESTRE. 3 vol. in-8, net :   13 50
Jean le Trouveur, par PAUL DE MUSSET. 3 vol. in-8, net : 13 50
Les Femmes honnêtes, par HENRY DE KOCK. 3 vol. in-8, affiche à gravure, net :   13 50
Les Parens riches, par madame la comtesse DASH. 3 vol. in-8, net :   13 50
Cerisette, par CH. PAUL DE KOCK. 6 vol. in-8, affiche à grav., net : 30 »
Diane de Lys, par ALEXANDRE DUMAS fils. 3 vol. in-8, net : 13 50
Une Gaillarde, par CH. PAUL DE KOCK. 6 volumes in-8, affiche à gravure, net :   30 »
Georges le Montagnard, par le baron de BAZANCOURT. 5 vol. in-8, affiche à gravure, net :   22 50
Le Vengeur du mari, par ÉM. GONZALÈS. 3 vol. in-8, net : 13 50
Clémence, par madame la comtesse DASH. 3 vol. in-8, net : 13 50
Brin d'Amour, par HENRY DE KOCK, 3 volumes in-8, affiche à gravure, net :   13 50
La Belle de Nuit, par MAXIMILIEN PERRIN. 2 volumes in-8, affiche à gravure, net :   9 »
Jeanne Michu, *la bien-aimée du Sacré-Cœur*, par madame la comtesse DASH. 4 vol. in-8, net :   18 »
Le Khalifa, par S. HENRY BERTHOUD. 2 volumes in-8, affiche à gravure, net :   9 »
Raphaël et Lucien, par MICHEL MASSON. 2 vol. in-8, affiche à gravure, net :   9 »
Le Trouble-Ménage, par MAXIMILIEN PERRIN. 2 vol. in-8, affiche à gravure, net :   9 »
El Ihoudi, par S. HENRY BERTHOUD. 2 vol. in-8, net :   9 »
Les Métamorphoses de la femme, par X.-B. SAINTINE. 3 vol. in-8, affiche à gravure, net :   13 50
Charmante Gabrielle, par M.-J. BRISSET. 2 vol. in-8, affiche à gravure, net :   9 »
Le Débardeur, par MAXIMILIEN PERRIN. 2 vol. in-8, affiche à gravure, net :   9 »
Nicolas Champion, par S. HENRY BERTHOUD. 2 vol. in-8, affiche à gravure, net :   9 »
La Famille du mauvais Sujet, par MAXIMILIEN PERRIN. 2 vol. in-8, net :   9 »
Un Cœur de Lièvre, par MAX. PERRIN. 2 vol. in-8, net : 9 »
Diane et Sabine, par MICHEL MASSON. 2 vol. in-8, net : 9 »

Imprimerie de GUSTAVE GRATIOT, 30, rue Mazarine.

www.ingramcontent.com/pod-product-compliance
Lightning Source LLC
Chambersburg PA
CBHW060629170426
43199CB00012B/1492